우리교육의 오래된 미래

조선의 교육헌장

김경용 지음

박영story

「일러두기」

1. 이 글은 「학교모범學校模範」(1582년)을 국한대역하고 각 조항에 대한 소감과 생각을 적은 것이며, 추가 논의가 필요한 경우에는 책의 말미에 부록으로 별도의 글을 첨부하였다.

2. 「학교모범」 원문에는 한자음을 부기하여 한자를 대하는 데 거북함을 조금이나마 덜도록 하였다.

3. 「학교모범」 내용 이외의 번역문에 대한 원문은 미주로 처리하여, 전문연구자인 경우 미주에서 해당 원문을 확인할 수 있도록 하였다. 미주는 가) 나) 다) 등으로 표기되어 있다.

4. 「학교모범」의 번역문은 아래의 번역서를 참고로 하여 다듬었다.
   『국역율곡전서4』(한국정신문화연구원자료조사실편, 1996).

5. 이 글에 등장하는 『예기』 「학기」, 『중용』, 『근사록』 등 유교경전에 대한 번역문은 다음의 저술을 참고로 하여 다듬은 것이다.
   김용옥(2009). 『대학·학기 한글역주』. 통나무.
   김용옥(2011). 『중용 한글역주』. 통나무.
   성백효(2004). 『역주 근사록집해』. 전통문화연구회.
   성백효(2004). 『현토완역 동몽선습·격몽요결』. 전통문화연구회.

목 차

글을 열면서

「학교모범學校模範」은 왕(선조, 재위 1567-1608)의 명을 받아 율곡 이이(1536-1584)가 대신들과 협의하여 1582년 작성한 것으로 「학교사목學校事目」이 첨부되어 있다.[1] 「학교모범」은 『율곡전서』에 실려 있지만,[2] 율곡의 개인적 저작이 아니라, 조선조 500년을 통틀어 가장 중요한 학정學政 관련 문건이라고 할 수 있는 일종의 교육헌장으로서, 조선조를 살았던 수많은 사람들의 교육정서와 시대정신을 반영하고 있는 소중한 글이다. 이 문건을 강의 자료의 일부로 삼아 대학에서 가르치기 시작한 게 2005년이었다. 8년 여 「학교모범」을 대학생·대학원생에게 소개하는 동안에, 이 조선의 교육헌장 내용을 초·중·고교 학생들도 알게 되면 좋지 않을까 하는 생각을 항상 했다. 대부분이 현직 교사인 석·박사과정 수강자에게 이런 구상을 내비칠 때마다 그들은 한결같이 "그렇게 되면, 참 좋을 것"이라는 반응을 보였다. 그 이유는 「학교모범」의 내용이 요즘에도 여전히 유효하다, 아니 더 나아가 오히려 요즘에 더 필요하기 때문이라는 것이다. 조선의 교육헌장, 「학교모범」이 대체 어떤 내용을 담고 있기에 조선조 사회보다 현재 대한민국 사회

1) 「학교사목」에 대한 전반적인 소개는 하지 않는다. 「학교사목」은 조선조의 학정學政 및 과거제도와 관련하여 논의해야 할 것이며 지금까지 본 저자가 발표한 여러 개의 논문에 일부 조항이 빈번히 인용되어 있다. 앞으로도 지속적으로 인용될 수밖에 없는 매우 중요한 문건이다.

2) 『율곡선생전서』 권15, 잡저, 학교모범〈壬午製進○事目附〉.

에 더 필요하다고 일선 교사들이 판단하는가? 독자들은 이 질문에 대한 답을 이 책에서 얻을 것이라고 기대한다.

우리는 왜 공부하는가? 뭐든 배워보겠다고 애쓸 때, 그 이유가 무엇인가? 흔히들 말하는 돈이나 명예 또는 권력? 우리 조상들에게는 간단명료한 지향점이 있었다. '좋은 사람'이 되고자 배운다는 것이다. 이 배움의 길은 생존해 있는 한 끝이 없다. 매일 어제보다 더 좋은 '나'가 되고자 부단히 배우다가 죽는 것이다. 태어난 이후 이 세상을 떠날 때까지 선인善人, 즉 '좋은 사람'이 되려고 하염없이 배운다는 것이다.

이런 배움을 그들은 "위기지학爲己之學"이라 불렀다.

『조선의 교육헌장』이라는 제목에서 '조선'은 특정 왕조에 국한된 호칭이 아니다. 『근사록』·『맹자』·『예기』·『시경』·『논어』·『중용』 등을 담고 있는 「학교모범」의 내용은 특별히 조선왕조에 이르러 일시에 작성된 게 아니라, 그 이전 오랜 시간에 걸쳐 배움의 마당에서 존중할 만하다고 간주된 것들을 채택·전승·보완한 것이요, 오늘날도 역시 우리가 채택할 만한 것이며 보완하여 앞으로 계속 전승해 나아갈 것이기 때문이다.

「학교모범」은 서문에 해당하는 짤막한 글로 시작되는데, 다음과 같이 당부하면서 서문을 맺고 있다.

> 모두 16조이니, 제자된 자가 준행해야 함은 물론이고, 스승된 자 역시 더욱 이것으로써 먼저 제 몸을 바로 잡아, 이끄는 도리를 다하여야 할 것이다(凡十六條 爲弟子者 固當遵行 而爲師者 尤宜先以此正厥身 以盡表率之道).

즉, 학생은 물론이고 교사들에게도 「학교모범」의 각 조항을 솔선하여 수행하도록 주문한 것이다. 다시 말해서, 가르치는 자 입장에서 배우는 자에게 지켜야 할 바를 일방적으로 제시한 것이 아니라 서로가 함께 나아가야 할 길을 모색하는데, 가르치는 자가 앞장서야 함을 강조하고 있다.

제1조

뜻을 세움(立志)

학자 선수입지 이도자임 도비고원 인자불행 만선비아

學者 先須立志 以道自任 道非高遠 人自不行 萬善備我

부대타구 막경지의등대 막경외난자저 직이위천지입심

不待他求 莫更遲疑等待 莫更畏難趑趄 直以爲天地立心

위생민입극 위왕성계절학 위만세개태평위표적 퇴탁자

爲生民立極 爲往聖繼絶學 爲萬世開太平爲標的 退託自

획지념 고식자서지습 불가호발맹어흉 차지어훼예영욕

劃之念 姑息自恕之習 不可毫髮萌於胸 次至於毁譽榮辱

이해화복 일체부동기심 분발책려 필요작성인이후이

利害禍福 一切不動其心 奮發策勵 必要作聖人而後已

배우는 자는 먼저 뜻을 세워야 하며 도道로써 자신의 임무를 삼아야 한다. 도는 높고 먼 것이 아닌데도 사람이 스스로 행하지 않는다. 온갖 선한 것이 다 나에게 갖춰져 있으니, 다른 데서 구할 게 아니다. 더 이상 망설이며 의심하거나 기다릴 것도 없으며, 두려워하고 어려워하거나 머뭇거릴 것도 없다. 곧바로 천지를 위하여 마음을 세우고, 인민의 삶을 위하여 기준을 세우며, 지난날의 성인을 위하여 끊어져가는 학문(유학)을 잇고, 만세를 위하여 태평을 여는 것 등을 표적으로 삼아야 한다. 물러서며 핑계대거나 스스로 앞길에 한계선을 긋는 생각, 잠시 편해보려고 스스로 용서하는 버릇 등은 털끝만큼도 가슴 속에 싹트지 못하게 해야 한다. 또한 꾸중과 칭찬, 영화로움과 욕됨, 이득과 손해, 화와 복, 이런 것들이 마음을 설레게 하지 말아야 하며, 분발하고 힘써서 기어코 성인이 되고야 말 것이다.

"배우는 자는 뜻을 세워야 하는데, 도道를 자임自任해야 한다."

여기서 '도'란 사람으로서 걸어가야 할 '길'이다. 살아가면서 벗어나지 말아야 할 그 무엇이다. 그 '길'은 일상을 떠난 것일 수 없다. 멀리 있는 게 아니라 내 곁에 있다. '도'는 어마어마한 그 무엇이 아니라 늘 접하는 일상 속에 있다. 이 '도'는 아마도 인류가 채집·수렵·유목 단계를 넘어 정착·농경 단계로 진입한 이후에, 대규모 집단거주의 삶에 얼개를 조성해 나가는 과정에서 오랜 세월에 걸쳐 정리되어 왔을 것이라고 생각한다. 아주 오래 전부터 모색되고 정돈되어 소멸되지 않고 전승된 '사람이라면 마땅히 걸어야 할 길'은 분명히 그 존재의 이유가 있을 것이고, 그렇게 정리하고 전승한 당사자는 나의 선조이다. 그러니 그 후예인 내가 그 '길'에서 멀리 있을 리 없다. 내가 태어날 때, 아니 태어나기 전부터 그 '길'을 걸을 준비가 되어 있는 거나 마찬가지이다.

내 몸에 이미 '도'의 맹아를 갖춰 놓고 있으니 그 싹을 틔우기만 하면 되는데, 사람들이 저 멀리서 찾다가 지쳐 그만두고 있다. '도'가 멀리 있다는 착각, 제 몸 안에 이미 '도'를 추구할 역량을 갖추고 있음에도 불구하고 자신을 초라하게 여기는 자기불신 등을 갖지 말 것이며, 가다 지치다고 멈추거나, 힘들 때 넘을 수 없는 역경이라고 물러서거나, 앞길이 아득하다고 여기까지면 충분하다고 스스로 한계를 정해버리거나, 별로 어려움을 겪었다고 할 만한 일이 없었는데도 안일하게 잠깐의 편리함을 구하고 이 정도는 괜찮다고 그 안일함을 용서해 버리는 등의 행위를 절대로 하지 말라!

만세태평을 위하여! 자아성취니 자아실현이니 소질계발이니 하는 독립의 얘기가 아니라 오만가지의 것과 연관 고리를 뗄 수 없는 관계내적 존재, 의존·협동적 존재인 인간으로서, 내가 사는 시대와 '나'라는 인간종자에 국한하지 않은 의견, 생태적 관심을 놓치지 않은 적확한 의견의 제출이다.

"천지를 위하여 마음을 세우고, 인민의 삶을 위하여 도를 세우며, 지난날의 성인을 위하여 끊어져가는 학문(유학)을 잇고, 만세를 위하여 태평을 연다(爲天地立心 爲生民立道 爲去聖繼絶學 爲萬世開太平)." 이 구절은 『근사록』 「위학爲學」 편에 나오는 장재(張載, 1020-1077, 호는 횡거橫渠)의 말이며, 조선 선비의 문집에 무수히 인용되어 실려 있다.

"만세태평!" 중요한 것은 이런 요청이 옛날보다 오히려 요즈음 더 절실하다는 점이다.

우리는 말한다. "지속가능한 발전"이니 "녹색성장"이라고. 그러나 이런 구호가 과연 "지속가능하지 않다면 발전을 포기해야 한다"

든가 “녹색이 멸절할 것 같다면 성장을 버려야 한다”는 의미까지 포함하고 있는 것일까? 이 구호에는 그럴 용의가 담겨 있지 않은 듯 하다. 오히려 발전과 성장으로 인해 지속가능성이 위협받거나 녹색이 황폐화 될 수도 있다는 점을 은폐하려는 기만적 구호는 아닌가? 교묘한 듯 하지만 미련하기 짝이 없는 인간 욕망의 추구는 아닌가? 충족시킬 수 없는 집요한 욕망!

요새 “슬로우 시티”를 말하고 있지만, 조선문명은 이미 예전부터 전체가 그랬다. 만세태평을 가능케 하려면 해야 할 일, 하지 말아야 할 일을 구분하고 준행해야 한다는 사실을 알고 있었다. 그때 이미 다 겪었다. 요새 와서야 깨달을 수 있는 일이 아니다. 세심하고 예민한 우리의 할아비·할미들은 이미 오래 전에 느끼고 알았다!

인류문명 오천년의 역사 속에서 불과 백 수십 년 정도만 추구했을 뿐인 지향점, 그것은 편리추구 정확히 말해서 게으름의 추구이다. 이런 추구로 인해 인류를 포함한 온갖 생명의 안위가 극단적으로 위협받는 상황을 초래했는데도 불구하고, 여기에 현대인은 왜 이리도 집착하고 있는가? 그동안 배움이 없었던 탓인가? 아니다, 분명코 배움이 있었다. 그렇다면 도대체 무엇 때문인가? 그것은 인류가 배움의 마당에서 뜻을 올바로 세우고 있지 않았기 때문이다.[3)]

‘입지立志’는 단순한 뜻이 아니라, 제1조의 끝 구절과(必要作聖人而後已) 제2조의 첫 구절에(立作聖之志) 강조하고 있듯이, 성인을

---

3) 이와 관련된 더 상세한 논의는 〈부록1〉 제1조(입지)에 대한 보론, 「지구촌과 내 가정과 나의 문제로 가로 놓인 환경생태의 위기」를 참조.

지향하는 뜻을 세우는 것이다. 배움에 나서면 웬만한 데 뜻을 두는 게 아니라 성인을 지향하라!

우리의 교육열은 세계적으로 유명하다. 우리의 심성이 다른 지역에 사는 사람들보다 유별나기 때문인가? 우리의 교육열은 개개인의 심성에 따른 것이라기보다는 역사적으로 조성된 것이라고 보는 게 옳을 것이다.

성인이란 무엇인가? 성인이란 사회 속의 성인이다. 세상 안에서의 성인이요 역사 속의 성인이다. 특정한 시공간에 갇혀 홀로 고존孤存하는 성인은 있을 수 없다. 그 시대에도 그 이후에도, 가깝거나 먼 이곳저곳 어느 곳에서나 그는 분명히 좋은 사람, 본받고 따르고 싶은 사람일 것이다. 누구나 이런 사람이 되어야 한다는 것인가? 이런 사람이 될 수 있다는 것인가? 성인을 기약하며 배우라는 선인들의 권고는 도대체 뭔 소리인가?

변화가능성!

인간됨을 절대 포기하지 마라! 이게 조선 교육열의 본원이다!

천하에 어리석은 사람이라도 도심道心이 없을 수 없다.[가] 보통사람이라 할지라도 성인과 본성이 다르지 않다! 인간이라면 누구나 요堯·순舜 같은 성인이 될 가능성을 타고났다.[나] 율곡의 저작인 『격몽요결』 「입지」장의 내용을 보자.

> 대개 보통 사람도 성인과 본성이 같다. 비록 기질에 맑고 흐림, 순수하고 잡스러운 차이가 없을 수 없지만, 참되게 알고 알차게 행하여 예전에 물들었던 것을 버리고, 태어났을 때 시초의 성性을 회복한다면 털끝만큼도 보태지 않아도 온갖 선善이 다 갖추어질 것이니, 뭇 사람들이 어찌 성인聖人이 아닌 이로써 스스로 기약할 수 있겠는가![다]

> 사람의 용모는 추한 것을 곱게 바꿀 수 없고, 근력이 약한 것을 바꾸어 강하게 할 수 없으며, 작은 키를 바꾸어 크게 할 수도 없다. 이는 이미 정해진 몫이 있어서 고칠 수 없는 탓이다. 오직 마음과 뜻은 어리석은 것을 바꾸어 슬기롭게 할 수 있고, 모자란 것을 바꾸어 현명하게 만들 수도 있다. 이는 사람의 마음이 비어있고 신령스러워 타고난 것에 구애되지 않기 때문이다. 슬기로움보다 더 아름다운 것이 없고, 현명한 것보다 더 귀한 것이 없는데, 뭐가 괴롭다고 현명함과 슬기로움을 추구하지 않음으로써 하늘이 부여해 준 본성을 훼손한단 말인가![라)]

성인이 되길 지향하며 사는 사람은, 싫어도 해야 할 일이라면 준행하는 한편 하고 싶어도 하지 말아야 할 일이라면 절대로 하지 않는 사람이지 않을까? 공의公義·천리天理에 아랑곳 하지 않고 사리私利·사욕私慾으로 거리낌 없이 살아가는 사람, 최소한 이런 사람은 절대로 되지 않을 것이다. 일상에서 누구든 이런 성인 지향의 길을 걷는다면, 이게 우리의 풍속을 이룬다면, 만세태평을 기대하는 게 허황된 꿈이 아니다.

다른 것은 어쩔 수 없지만, 인간의 심지만큼은, 한 때 어리석고 모자랐다고 하더라도 예전에 물들었던 것을 버리고 고쳐 하늘이 부여해 준 본성을 온전히 한다면, 슬기롭고 현명해 질 수 있다. 이보다 더 진한 인간에 대한 신뢰감의 표현은 없을 것이다. 슬기롭고 현명한 어른들이 모여 사는 사회, 이런 어른들과 함께 살며 음으로 양으로 영향을 받고 자라나는 아이들이 이어가는 사회, 이는 인류가 제아무리 고도의 문명세를 구축하더라도 잠시도 멈추어서는 아니 될 영원한 염원이다.

제2조

몸을 단속함(檢身)

學者 既立作聖之志 則必須洗滌舊習 一意向學 檢束身行 平居 夙興夜寐 衣冠必整 容貌必莊 視聽必端 居處必恭 步立必正 飮食必節 寫字必敬 几案必齊 堂室必淨 常以九容[4]持身 足容重〈不輕擧也 若趨于尊長之前 不可拘此〉[5] 手容恭〈手無慢弛 無事則當端拱 不妄動〉 目容端〈定其眼睫 視瞻當正 不可流眄邪睇〉 口容止〈非言語飮食之時 則口常不動〉 聲容靜〈當整攝形氣 不可出噦咳等雜聲〉 頭容直〈當正頭直身 不可傾回便倚〉 氣容肅〈當調和鼻息 不可使有聲氣〉 立容德〈中立不倚 儼然有德之氣象〉 色容莊〈顔色整齊 無怠慢之氣〉 非禮勿視 非禮勿聽 非禮勿言 非禮勿動[6] 所謂非禮者 稍違天理 則便是非禮 如以粗處言之 則倡優不正之色 俗樂淫靡之聲 鄙褻傲慢之戲 流連荒亂之宴 尤宜禁絶

---

4) 『예기』「옥조」

5) 〈 〉 표기 안에 있는 것은 작은 글씨로 된 주석이다.

6) 『논어』「안연」

배우는 자가 성인이 되겠다는 뜻을 세웠다면, 반드시 예전 습성을 씻어버리고 오로지 배움을 향하여 몸가짐과 행동을 다잡아야 한다. 평소에 일찍 일어나고 늦게 자며 의관은 반드시 단정하게, 용모는 반드시 의젓하게, 보고 듣는 것은 반드시 총명하게, 거처는 반드시 처지에 맞게, 걷거나 서 있을 때 반드시 똑바르게, 먹고 마시는 것은 반드시 절제 있게, 글씨쓰기는 반드시 조심스럽게, 책상은 반드시 가지런하게, 마루와 방은 반드시 깨끗하게 하여야 한다. 항상 아홉 가지 태도(구용九容)로써 몸을 유지해야 하니, 곧 발은 무겁게〈가볍게 움직이지 않는 것이다. 만일 어른 앞에 나아갈 적이라면, 이에 구애받지 않는다〉 손은 공손하게〈손을 건들거리지 말고 일이 없을 때에는 단정히 두 손 모아 함부로 움직이지 않는다〉 눈은 단정하게〈눈과 눈썹을 고정시켜 바로 쳐다보고 흘겨보거나 곁눈질하거나 흘끗거리지 않는다〉 입은 다물고〈말을 하거나 먹고 마실 때가 아니면 항상 입을 다문다〉 목소리는 조용하게〈형기形氣를 가다듬어야 하며, 딸꾹질을 하거나 기침 소리를 내어서는 안 된다〉 머리는 곧게〈머리는 바로 몸은 곧게 하여 기울이거나 기대서는 아니 된다〉 호흡은 정숙하게〈콧숨을 고르게 쉬어야 하며 소리를 내어서는 아니 된다〉 서 있는 자세는 덕스럽게〈바르게 서고 기대지 않아서 의연히 덕스러운 기상이 있어야 한다〉 안색은 의젓하게〈안색도 단정히 가지고 태만한 기색이 없어야 한다〉 해야 한다. 그리고 예禮가 아니면 보지 말고, 예가 아니면 듣지 말고 예가 아니면 말하지 말고, 예가 아니면 행동하지 말아야 한다. 이른바 예가 아니라는 것은 조금이라도 천리에 어긋나면 이는 곧 예가 아니다. 그 대략의 것을 말할 것 같으면, 창우倡優의 부정한 색色과 음란한 속악俗樂의 소리와 비루하고 오만한 놀이와 유련황란流連荒亂의[7] 잔치는 더욱 금하여야 한다.

7) 뱃놀이에 정신이 팔려 물 흐름을 따라 흘러내려가서 돌아올 줄 모르는 것을 '유流', 흐름을 거슬러 올라가서 돌아올 줄 모르는 것을 '련連', 짐승 사냥에 정신을 빼앗겨 세월 가는 줄을 모르는 것을 '황荒', 술을 즐기며 싫증낼 줄 모르는

"성인을 지향하는 데 뜻을 두어 배우라고 거창한 슬로건을 내건 뒤에 첫 번째로 하는 주문이 고작 몸가짐을 조심하라니!" 일반적으로 이런 반응을 보이기 쉬울 것 같다. 그러나 이 검신조의 내용은 지극히 실질적인 권고이다. 모든 행동거지를 배움을 향해 집중시키려면 구습을 씻어야 한다.

평소 언행이 난잡하여 방정하지 못하면, 무엇이 보고 들을 만한 것인지 살피지 않을 것이고, 제아무리 보고 들을 만한 게 주변에 널려 있어도 보고 들으려 하지 않게 된다. 잘 보고 듣는 배움이 없으니 의문이나 생각이 없고 곰곰이 따져 볼 일도 없다.[8] 요새 청소년·젊은이들이 흔히 하는 말로 '개념 없는 사람'이 되어 버리는 것이다.

이치에 어긋난 것을 내 몸에 들이지 말고(물시勿視·물청勿聽) 잘 보고 들어서 견문見聞을 넓혀 잘 배워야 이치에 맞지 않는 언행을 내지 않을 수 있다(물언勿言·물동勿動).

왜 몸가짐을 조심해야 잘 배울 수 있는지 율곡의 얘기를 더 들어보자.

> 사람이 비록 배움에 뜻을 두었다고 해도 곧바로 앞으로 뚜벅뚜벅 나아가 성취하는 바가 있지 못한 것은 예전의 습관이 그 뜻을 가로막고 해치는 게 있기 때문이다. 예전 습관의 조목이 아래에 열거된 것과 같으니(8가지), 만약 <u>뜻을 가다듬어 통렬히</u>

것을 '망亡'이라 한다(從流下而忘反謂之流 從流上而忘反謂之連 從獸無厭謂之荒 樂酒無厭謂之亡: 『맹자』「양혜왕하」).

8) 이러면, 다음 제3조(독서)에 나오는 '박학博學·심문審問·신사愼思·명변明辨'이 이루어질 수 없다.

> 끊어 버리지 않는다면 끝내 배우는 게 없을 것이다. … 이러한 습관이 사람으로 하여금 뜻을 견고하지 못하게 하고, 행실을 독실하게(꾸준하고 내실있게) 하지 못하게 하여, 오늘 한 것을 내일에 가서도 고치기 어렵게 하고, 아침에 그 행위를 후회했다가도 저녁에 보면 이미 또다시 그 행위를 되풀이 하도록 만들어 버린다. 반드시 모름지기 용맹스러운 뜻을 크게 분발하여 마치 단칼에 나무둥지를 싹둑 잘라 버리듯이 마음을 깨끗이 씻어내어 털끝만큼도 남아 있는 게 없도록 하고 시시때때로 언제나 맹렬히 반성하는 데에 공을 들여서, 예전에 물든 더러움이 마음에 한 점도 없도록 한 뒤에야 비로소 배워 나아가는 공부를 논할 수 있을 것이다.[마)]

검신의 권유 내용은 번쇄한 듯 하지만 사실 간단명료하다. 검소하고 절제된 의·식·주와 단정하고 바른 몸가짐을 강조하고 있다. 의복은 화려하거나 사치스러우면 안 되고 추위를 막을 수 있으면 그만이고, 먹고 마시는 것은 맛있고 보기 좋을 것 없이 허기를 채우면 되는 것이고, 거처는 안락하고 클 필요 없이 병들지 않을 정도면 된다고 했다.[바)] 이는 건강의 지속으로써만 이행할 수 있다.

세 글자씩 아홉 개의 구절로 이루어진, 용모에 있어서 조심해야 할 아홉 가지(구용九容)는 아이들한테 간단하면서도 강하게 검신을 요청할 수 있다. 만약 구용에 대해 익히 알고 있는 아이가 우당탕탕 뛰어다닐 경우에 그를 향해서 "족용중足容重!"이라고 말하면 바로 발걸음을 조심스레 옮길 것이다. 이는 나의 상상력이 아니라 초등학교에서 실제로 있었던 일화를 전해들은 것이다.

제3조

독서(讀書)

학자 기이유행검신 칙필수독서강학 이명의리 연후진학
學者 既以儒行檢身 則必須讀書講學 以明義理 然後進學
공정 불미소향의 종사수업 학필박 문필심 사필신 변필
功程 不迷所向矣 從師受業 學必博 問必審 思必愼 辨必
명 침잠함영 필기심득 매독서시 필숙용위좌 전심치지
明 沈潛涵泳 必期心得 每讀書時 必肅容危坐 專心致志
일서이숙 방독일서 무무범람 무사강기 기독서지서 칙선
一書已熟 方讀一書 毋務汎覽 毋事彊記 其讀書之序 則先
이소학 배기근본 차이대학급근사록 정기규모 차독논
以小學 培其根本 次以大學及近思錄 定其規模 次讀論·
맹 중용 오경 한이사기급선현성리지서 이광의취 이정
孟·中庸·五經 間以史記及先賢性理之書 以廣意趣 以精
식견 이비성지서물독 무익지문물관 독서지가 시혹유예
識見 而非聖之書勿讀 無益之文勿觀 讀書之暇 時或遊藝
여탄금습사투호등사 각유의구 비시물롱 약박혁등잡희
如彈琴習射投壺等事 各有儀矩 非時勿弄 若博弈等雜戲
칙불가우목이방실공
則不可寓目以妨實功

배우는 자가 선비의 행실로 몸가짐을 단속하고 나서는 반드시 독서와 강학講學으로써 의리義理를 밝혀야 하니, 그런 뒤에 배워 나아가는 공부 과정에서 방향을 잃지 않는 것이다. 스승을 따라 수업하되, 배우기는 반드시 넓게, 질문은 반드시 자세하게, 생각은 반드시 신중하게, 분별은 반드시 명확하게, 깊이 생각하여 반드시 마음으로 얻기를 기약하여야 한다. 언제나 책을 읽을 때에는 반드시 용모를 정숙히 하고 꿇어앉아서 온 마음으로 뜻을 다하여 한 책에 익숙해진 다음에야 다른 책을 읽으며, 괜히 이 책 저 책 뒤적거리는 데에 힘쓰지 말고, 억지로 기억하는 것을 일삼지 말아야 한다. 독서의 순서는, 먼저 『소학』으로 그 근본을 배양하고, 다음에는 『대학』과 『근사록』으로 그 규모를 정하고, 다음에는 『논어』·『맹자』·『중용』과 오경(『역경』·『서경』·『시경』·『예기』·『춘추』), 그리고 틈틈이 『사기』와 선현의 성리性理에 관한 글들을 읽어서 의취意趣를 넓히고 식견을 가다듬어야 한다. 성현의 책이 아니면 읽지 말고 보탬이 없는 글은 보지 말아야 한다. 책 읽는 여가에 때때로 놀이도 즐기되, 이를테면 거문고타기·활쏘기·투호 등의 놀이는 모두 각각의 절차와 규칙이 있으니 적당한 시기가 아니면 즐기지 말 것이며, 장기·바둑 등의 잡희에 눈을 돌려 실속을 쌓는 데에 방해가 되게 해서는 아니 된다.

뜻을 세우고 몸가짐을 단속하고 나서 정숙한 용모와 자세로 온 마음을 다하여 정독·숙독하고, 때때로 놀이도 즐기되 절도를 지키고 잡희는 멀리하라. 제3조(독서)에서 가장 눈에 띄는 부분은 "배우기는 반드시 넓게, 질문은 반드시 자세하게, 생각은 반드시 신중하게, 분별은 반드시 명확하게(學必博 問必審 思必愼 辨必明)" 이 네 구절이다. 이는 『중용』 제20장의 "넓게 배워라, 살피며 자세히 물어라, 신중하게 생각하고, 확실하게 분변하고, 돈독하게 그것을 실천하라(博學之 審問之 愼思之 明辨之 篤行之)"에서 '독행篤行'을 생략하고 '학學·문問·사思·변辨'에 대해 "필박必博·필심必審·필신必愼·필명必明"이라고 강조하여 표현한 것이다. 당시의 학인들은 이 네 구절을 보고 『중용』 제20장의 전후 문맥을 상기했을 것이다. 이어지는 『중용』의 문구를 통해 "필박·필심·필신·필명"이 구체적으로 어떤 행위를 요청하는 것인지 알 수 있다.

> 배우지 않을 수는 있으나, 일단 배우자고 나섰다면 능하지 못하는데도 그만두어서는 안 된다. 묻지 않을 수 있으나, 일단 물었다 하면 그걸 잘 알지 못하는데도 그만두어서는 안 된다. 생각하지 않을 수 있으나, 막상 생각했다 하면 그것을 얻지 못하는데도 그만두어서는 안 된다. 분변하지 않을 수 있으나, 분변하자고 했다면 명백하게 밝혀지지도 않았는데 그만두어서는 안 된다. 행하지 않을 수 있으나, 한 번 행하자고 작정했으면 독실해지지 않았는데도 그만두어서는 안 된다. 남들이 한 번에 능한다고 하면, 나는 백 번을 할 것이고, 열 번에 능한다고 하면, 천 번을 하라.[사)]

매우 치열한 '학·문·사·변'을 주문하고 있다. 그런데, 실증적 학문이니 사변적 학문이니 하는 표현에서 보듯이, 현대의 우리는 '학·문·사·변'을 그다지 구분하고 있지 않은 듯 하다. 그러나 이 『중용』의 구절에 나타나 있듯이 과거의 학인들에게 이 넷은 서로 다른 것이었다. 그렇다면 과거의 학인들에게 '문·사·변'과 구분되는 '학'이란 무엇이었을까? 또한 '박학'이나 '능학'이란 어떤 행위나 상태를 말하는 것일까?

> 하늘이 사람을 세상에 태어나게 했을 때 귀로 들을 수 있게

> 하였지만 배우지 않는다면 귀머거리만큼도 못 들을 것이며, 눈으로 볼 수 있도록 하였지만 배우지 않는다면 맹인만큼도 보지 못할 것이며, 입으로 말할 수 있도록 하였지만 배우지 않는다면 벙어리만큼도 말할 수 없을 것이며, 마음으로 알 수 있도록 하였지만 배우지 않는다면 미친놈만큼도 알 수 없을 것이다. 그러므로 배운다는 것은 뭘 더할 수 있는 게(능익能益) 아니라 '천성에 닿는 것(달천성達天性)'이다. 하늘이 나아준 바를 온전히 할 수 있고 그것을 해치지 않는 것을 일러서 "잘 배운다(선학善學)"고 한다(『여씨춘추』「孟夏紀第四」 尊師).[아]

'선학善學', 즉 '잘 배운다'는 것은 우선 '잘 보고, 잘 듣는 것'이다. 묻고 생각하고 따지는 것 등은 그 다음의 일이다. 우리는 보고 듣는 능력을 타고 났으나 환히 보려 하지 않고 거침없이 들으려 하지 않는다면 배울 수 없다. 하늘이 나를 보고 들을 수 있게 세상에 내놓았지만, 잘 보고 들으며 배우지 않는다면, 장님이나 귀머거리만도 못할 것이며 따라서 벙어리처럼 말을 못할 것이고 미친놈처럼 아는 게 없을 것이다. 거침없이 듣고 환히 보는 것을 총명聰明이라 했다.[자] 누구든 그 타고난 견문見聞 능력을 제대로 발휘하기만 하면 된다. 총명함은 비범한 게 아니라 평범한 것이다. 누구나 타고난 보고 듣는 능력을 온전히 발휘하면 총명한 사람인 것이다. 달천성!

무엇이든 그것에 능한 경지에 이르는 일은 결코 쉽지 않다. 따라서, 치열한 공부를 주문하고 있다. 남이 한 번 또는 열 번에 능하게 된다면, 나는 백 번 또는 천 번을 하라! 공부는 쉽지 않다. 어렵고 고단하고 지루하기도 하다. 이 길을 걷는 데에는 성실함이 필수적으로 요구된다. 내 심장이 한시도 쉬지 않고 부지런히 박동해야만 내가 살 수 있듯이, 부단히 부지런한 성誠을 추구하지 않는다면 '배워 나아가는 공부의 과정(진학공정進學功程)'이 불가능하다. 공부를 잘한다는 것은 게으르지 않다는 것과 상통한다. 『중용』은 이어서 말한다. "이런 호학역행好學力行의 도에 능하게 된다면 아무리 어리석은 자라고 할지라도 반드시 현명해지고, 아무리 유약한 사람이라도 반드시 강건해진다."차) 현명함의 맹아를 가지고 태어났다고 하더라도 그 싹을 틔우지(달천성達天性) 않는다면 어리석은데 머물러 살 수밖에 없다.

'학'을 이렇게 정리하고 보면, 학문이란 '잘 보고 들어 배운 바를 바탕으로 찬찬히 묻는 것'이라고 할 수 있다. 물음은 잘 보고 들은 다음에야 터져 나올 수 있다. 학문이란 이런 것이다. 일차적으로 글을 잘 보고 읽어 거기에 담겨 있는 메시지를 잘 듣는, 독서를 통하여 학문은 이루어진다.

제4조

신 언
말을 삼감(愼言)

학자 욕칙유행 수신추기 인지과실 다유언어 언필충신
學者 欲飭儒行 須愼樞機 人之過失 多由言語 言必忠信
발필이시 중연낙 숙성기 무희학 무훤화 지작문자의리유
發必以時 重然諾 肅聲氣 毋戲謔 毋諠譁 只作文字義理有
익지화 약황잡괴신급시정비리지설 불가출저기구 지여
益之話 若荒雜怪神及市井鄙俚之說 不可出諸其口 至如
추축제배 공담도일 망론시정 방인장단 개방공해사 절의
追逐儕輩 空談度日 妄論時政 方人長短 皆妨功害事 切宜
계지
戒之

배우는 자가 선비의 행실을 갖추려면 반드시 추기樞機(언어)를 삼가야 한다. 사람의 과실은 흔히 언어에서 비롯되는 것이니, 말이 반드시 정성스럽고 미더워야 하고 반드시 때에 맞게 하며 수긍이나 승낙은 신중히 하고 목소리를 정숙하게 하고 농지거리 하지 말고 시끄럽게 떠들지 말아야 한다. 단지 문자文字와 의리義理에 벗어나지 않고 유익한 말만 하며, 황잡荒雜한 말, 괴이한 말, 신기한 말과 거리를 떠도는 천박하고 비속한 말 따위는 입 밖에 내지 말아야 한다. 이를테면 또래들과 몰려다니며 헛된 이야기로 날을 보내거나, 제멋대로 시정時政을 논하거나, 남의 장단점을 서로 비교하는 것 등은 모두 공들여 일을 하는 데 방해가 되므로 일체 경계하여야 한다.

"사람의 과실은 흔히 언어에서 비롯된다." 나이가 많을수록 이 말이 피부에 와 닿는 느낌이 강할 것이다. 술기운으로 인한 것이든 감정이 격앙된 탓이든 신중하지 못한 판단 때문이든, 말실수로 인해서 후회하는 경우를 당해보지 않은 사람은 없을 것이다. 곤혹스런 사실은 이런 실수가 반복된다는 것이다. 말을 삼가는 것은 그만큼 어렵고 중요한 과제이다.

그런데도 황잡한 말, 괴이한 말, 신기한 말, 떠도는 말 등에 익숙하거나 밝은 사람이 많고, 제멋대로 시정을 논하고 남의 장단점을 서로 비교하길 좋아하는 게 요즘 세태이다. 인터넷에 떠도는 무지막지한 언설까지 감안한다면, 정확한 근거를 갖는 얘기(文字之話), 옳고 그름과 이치를 따지는 얘기(義理之話) 등은 오히려 고리타분하고 시대착오적인 고루한 얘기처럼 들리기 십상이지 않을까 싶다. 그래도 이런 얘기를 토로하는 일을 포기해서는 안 된다.

부부·형제·부모자식·어른아이·교사학생·상하·친구 사이에 말을 삼가는 것, 고운 말을 쓰는 것, 경우에 맞는 말을 하는 것은 삶을 좌우하는 매우 중요한 일이다.

그런데, 욕설! 어제 오늘을 막론하고 어른 아이 가릴 것 없이 참으로 욕설이 난무하는 세상이다. 특히 청소년의 욕설에 대해서는 무슨 대책이 있을까 싶다. 왜 청소년의 욕설이 더 문제인가? 언어는 곧 인격이기 때문이다. 언어발달과 도덕성·사회성·지성의 발달은 병진하기 때문이다. 특히 우리말은 존대어가 매우 발달된 언어이므로 말을 삼가는 게 여타 언어권의 사람들에 비해서 더 중요하다. 나보다 나이가 많고 적음에 따라 또는 지위가 높거나 낮음에 따라 나의 처지와 경우에 알맞은 언어를 구사할 수 있어야 한다. 이런 능력은 내가 태어나기 전부터 이미 형성되어 있는 우리말의 언어적 관습·약속·규범 등에 저도 모르는 새 젖어듦으로써 조성된다. 흉내내기의 달인인 아이들은 잘 보고 잘 들어서 보고 들은 그대로 행함으로써 말을 익히게 된다. 이런 현상은 나의 욕구·기대·이해·승인 여부를 떠나 있는 일이다. 그냥 따라 하는 것이다. 이런 과정에 거스름 없이 동참하는 것이다. 이런 언어습득과정에 충실하는 것과 제반 학문 분야의 다양한 약속·정보를 적극적으로 수용하는 것(지적 능력 형성의 기반)은 본질적으로 동일하다. 또한, 나의 심정과 의사를 타인도 공감·납득할 수 있도록 경우와 처지에 맞게 조심스레 언어를 구사하는 자라야 타인의 심정·의사 역시 공감·납득할 수 있고, 서로 잘 어우러져서 사이좋게 지낼 수 있다(사회성 발달).

이런 과제를 제대로 수행하는 데에 가장 중요한 사람은 바로 부모이다. 우리는 종종 부모-자식 사이에 반말을 주고받으며 말을 함부로 하는 현상을 목격하곤 한다. 참으로 꼴사나운 광경인데도 방관할 수밖에 없다. 이런 현상을 초래한 당사자가 바로 부모 자신이기 때문이다. 안타깝기 그지없다. 부모가 자식의 바른 성장을 돕기는커녕 방해하고 있다는 사실을 정녕 모른다는 것인가? 어릴 때부터 부모-자식 사이에 바른말 고운말을 쓰는 언어습관을 들이는 것은 다른 무엇보다 중요한 일이다. 그러려면 우선 부부 사이에 바른말 고운말을 쓰는 데 주의를 기울이지 않으면 안 된다.

바른말 고운말을 쓰는 사람이 바로 바르고 고운 사람이다. 사람의 말씨와 마음씨는 서로 조응하며, 습득한 언어 수준만큼만 그에게 세상이 드러난다. 아는 만큼 보인다. 달리 말하면, 우리는 자신이 헤아리고 구사할 수 있는 언어세계 안에서 세상을 보고 알고 이해하는 것이다. 우리의 아이들이 바르고 고운 인물로 자라나길 바란다면, 부모-자식, 부부 사이에 바르고 고운 말을 쓰는 데 한시라도 소홀히 하지 맙시다!

제5조

마음을 지킴(存心)

존 심

학 자 욕 신 지 수 필 수 내 정 기 심 불 위 물 유 연 후 천 군 태 연 백
學者 欲身之修 必須內正其心 不爲物誘 然後天君泰然 百
사 퇴 복 방 진 실 덕 고 학 자 선 무 당 정 좌 존 심 적 연 지 중 불 산
邪退伏 方進實德 故學者 先務當靜坐存心 寂然之中 不散
란 불 혼 매 이 립 대 본 이 약 일 념 지 발 칙 필 심 선 악 지 기 선 칙
亂 不昏昧 以立大本 而若一念之發 則必審善惡之幾 善則
궁 기 의 리 악 칙 절 기 맹 아 존 양 성 찰 면 면 불 이 칙 동 정 운 위
窮其義理 惡則絶其萌芽 存養省察 勉勉不已 則動靜云爲
무 불 합 호 의 리 당 연 지 칙 의
無不合乎義理當然之則矣

배우는 자가 몸을 닦으려면 반드시 안으로 마음을 바로 잡아 외물外物의 유혹을 받지 않아야 한다. 그런 뒤에야 마음이 태연해지고 온갖 사특한 생각이 물러나서, 바야흐로 실덕實德에 나아가게 된다(덕성이 알차게 된다). 그러므로 배우는 자는 우선 가만히 앉아서 마음을 지켜 숙연한 가운데, 산란해지거나 혼미하지 않음으로써 큰 근본을 세우는 데에 힘써야 한다. 이를테면 어떤 생각이 돋아나려고 할 때 반드시 선악의 기미를 살펴서 그것이 좋은 것일 경우에는 그 의리義理를 궁구窮究하고, 나쁜 것일 경우에는 그 싹을 잘라버려서, 마음을 지키고 본성을 기르며 성찰하기를 꾸준히 계속하면 모든 언동이 의리·당연의 법칙에 맞지 않음이 없을 것이다.

외부로부터의 유혹에 마음이 흔들려 넘어가지 않고 그 마음을 지키려면 기미를 잘 살펴야 한다. 이런 요청은 과거의 학인에게보다는 오늘의 우리들에게 더 절실하다. 왜냐하면, 우리는 지금 온갖 유혹이 난무하는 세상에 살고 있기 때문이다. 20세기 인류사는 편리와 이욕 추구의 역사였다. 21세기로 들어섰지만 이 '게으름의 추구' 관성은 여전하다. 세상은 이것저것 누리고 가지고 싶은 욕망과 게으름을 즐기려는 타성을 노리고 우리를 대책 없는 소비시장으로 꼬드겨내기에 혈안이 되어 있다.

필요하지 않아도 필요한 물건인 듯, 갖고 싶은 마음이 없었는데 갖고 싶은 것인 듯, 지금 당장은 쓸모없을지 모르지만 지금 사두지 않으면 나중에 반드시 후회할 일인 듯, 더 쓸 만한 물건인데도 바꿔야 마땅한 지경인 듯, 남들은 모두 신나게 누리고 있는데 나만 소외되어 있는 듯, 일상에서 가끔 느끼는 달콤한 휴식은 제대로 쉬는 게 아니고 어딘가 유명한 곳으로 억척스럽게 찾아가야만 진정한 휴식을 만끽하는 것인 듯, 남들은 공부의 길에서 쉬이 갈 수 있는 온갖 수단을 다 갖추고 있는데 나만 미련하게 뒤쳐져 있는 듯, 채울 길이 막막한 우리의 욕심과 떨치기 힘든 우리의 불안을 자극하고 불질러 최소의 비용으로 최대의 이윤을 뽑아내려는 술수는 예술의 경지에 가까울 만큼 환상적이고 강력하게 감성적으로 다가온다. 때로는 은근하게 때로는 충격적으로 우리의 감성을 시도 때도 없이 두드린다. 이 꼬드김에 성공하면 할수록 세상은 더 잘 돌아가는 것처럼 보이는 이상한 질서의 똬리를 틀어버렸다. 뿌리치기 어려운 막강한 유혹은 징그러울 정도로 얄밉고 야비하게 결사적으로 우리 마음의 틈바구니를 헤집느라 거의 발광하고 있다.

이런 광풍이 휘몰아치는 들판 한가운데에 우리들 그리고 우리의 아이들이 무방비 상태로 노출되어 있다. 아니 이 광풍을 즐기고 있는지도 모르겠다. 기미를 살피지 않으면 누구라도 이 광풍에 휩쓸리거나 따라다니게 되어 있다. "어떤 생각이 돋아나려고 할 때, 반드시 선악의 기미를 살펴서 그것이 좋은 것일 경우에는 그 의리를 궁구하고, 나쁜 것일 경우에는 그 싹을 잘라버려라!"

'기미幾微'란, "상황이 나아질 기미가 없다" "병세가 호전될 기미가 보이지 않는다" 등 우리의 일상에서 흔히 쓰는 것처럼, 어떤 추세가 곧 나타날 듯 한 미미한 낌새·조짐을 말한다. 워낙 미세한 사태이기 때문에 기미를 살피는 것은 결코 쉬운 일이 아니다. 그리고 섬세하게 기미를 살피지 못하면 그 맹아가 동화 속 '잭의 콩나무'처럼 곧바로 거목으로 우뚝 불끈 자라나버려 외물에 흔들린 내 마음을 구할 길이 없어진다. 어른이든 아이든 어떻게 해야 이 기미를 살필 줄 아는 덕성을 익히고 유지하게 만들 것인가? 일단 기미를 살피는 게 얼마나 중요한 일인지 깨닫는 것이 급선무이다. 아이들은 아직 어린 탓에 이를 깨닫기 힘들 것이다. 어른들이라도 깨닫고 그 깨달음에 따라 아이들을 어찌 가르쳐야 할 것인지 방도를 모색해야 한다. 천차만별의 워낙 다양한 상황 변수를 통섭하는 일반원칙을 세우기는 힘들겠지만 무던히 방도를 모색하는 것을 포기하지 말아야 한다.

제6조

사 친

어버이를 섬김(事親)

사유백행 효제위본 죄열삼천 불효위대 사친자 필수거칙

士有百行 孝悌爲本 罪列三千 不孝爲大 事親者 必須居則

치경이진승순지례 양칙치락이진구체지봉 병칙치우이

致敬以盡承順之禮 養則致樂以盡口體之奉 病則致憂以

진의약지방 상칙치애이진신종지도 제칙치엄이진추원

盡醫藥之方 喪則致哀以盡愼終之道 祭則致嚴以盡追遠

지성 자어온청정성·출고반면 막불일준성현지훈

之誠[카] 至於溫凊定省·出告反面[타] 莫不一遵聖賢之訓

여치유과 진성미간 점유이도 이내고오신 무행불비 시종

如値有過 盡誠微諫 漸喩以道 而內顧吾身 無行不備 始終

전덕 무첨소생 연후가위능사친의

全德 無忝所生 然後可謂能事親矣

선비의 온갖 행실에 효제孝悌를 근본으로 삼으니, 삼천 가지 죄목 중에 불효가 가장 큰 죄이다. 어버이를 섬기는 자는 반드시 일상생활에서 공경함을 극진히 하여 받들고 따르는 예를 다하고, 봉양에는 아주 즐거이 몸의 봉양을 다하고, 병환이 나시면 근심걱정을 다하여 의약醫藥의 갖은 방도를 다 쓰고, 돌아가셨을 때에는 극진한 슬픔으로 상례의 도리를 다하고, 제사에는 매우 엄숙하게 추모의 정성을 다하여야 한다. 겨울에는 따뜻하고 여름에는 서늘하게 모시는 것, 어두우면 잠자리를 보살피고 밝으면 문안드리는 것, 나갈 때는 반드시 아뢰고 돌아오면 반드시 뵙는 것에까지 하나라도 성인의 교훈을 따르지 않는 것이 없어야 한다. 부모가 만일 잘못이 있을 것 같으면 성의를 다하여 은근히 간하고 점차 도리로써 깨닫도록 해야 하며, 자신을 안으로 돌이켜보아 불비不備한 행실을 함이 없이 처음부터 끝까지 덕德이 온전하여 나아주신 부모를 욕되지 않게 하고서야 어버이를 섬긴다고 말할 수 있다.

인간이 저지를 수 있는 죄가 삼천 가지라면 그 중에 가장 나쁜 죄가 불효다. 이렇게 불효에 대한 언급 이후에 부모님을 모시는 이런 저런 일을 나열하고 있기 때문에, 이 제6조(사친)을 '효행이란 이런 것'이라고 제시한 듯이 받아들이기 쉽다. 그러나 이 조에 '효'란 무엇이라는 얘기는 없다. 다만 불효가 죄질이 가장 나쁜 것이라고 말하고 있고, 어버이 섬기기를 잘 하라는 권고가 있을 뿐이다.

물론 이런 권고가 '효'와 무관하지 않겠지만, '효'를 부모-자식 사이의 일로만 국한시켜 이해하는 것은 타당하지 않다. 삼천 가지 죄목 운운하며 서두에 불효를 꺼내고 "나아주신 부모를 욕되지 않게 하고서야 어버이를 섬긴다고 말할 수 있다"고 마무리 하고 있는 점에 주목하자. 불효는 왜 인간이 저지를 수 있는 가장 나쁜 죄이며, 부모를 욕되게 하지 않는 자식은 어떤 자식인가? 죄와 욕됨은 사회적인 것이다. 가족 간이든 마을 안에서든 국가단위로 생각하든 사회적 관계를 전제로 하지 않는 죄와 욕됨은 없다. 『중용』은 '효'를 다음과 같이 간단명료하게 정의하고 있다.

> 효란 다른 사람의 뜻을 잘 계승하고, 다른 사람의 일을 잘 전술하는 것이다(제19장).[파]

타인의 훌륭한 뜻과 일을 잘 잇고 전하는 것이 효이다. 사실, 부모도 타인이다. 효는 부모-자식 간에 국한되는 좁은 개념에 머무르는 것이 아니라, 다른 사람(좋은 어른, 좋은 사람)의 뜻과 행위를 잘 이해하고 자기의 삶 속에서 잘 이어갈 수 있다면 그것이 곧 '효'이다. 효의 핵심은 좋은 뜻과 좋은 일을 잘 잇고 전하는 연속성에 있다. 우리는 조선문명에 대해 불효한 사람들, 조선문명의 좋은 점을 잇지 못한 불효막심한 사람들은 혹시 아닌가 반성할 일이다. 좋은 것을 '선계善繼·선술善述'해야만 문명의 질서가 축적되고 정돈된다.

> 선조가 존중한 바를 공경하고, 살아생전에 친했던 바(사람, 사물, 사건)를 아끼며, 죽은 자를 섬기되 산 사람을 섬기듯이 하고, 묻혀서 없어진 자를 섬기되 앞에 있는 듯이 하는 게 효의 극치이다.[하]

"아버지가 돌아가셨단다." 어느 날 아침 비몽사몽간에 전해들은 느닷없는 비보였다. 돌아가시기 전날 평소처럼 소박한 저녁식사를 마치고 깊은 잠에 빠진 아버지는 어찌된 일인지 다음날 단 꿈에서 기어이 깨어나지 못하셨다. 황망히 귀향하여 어안이 벙벙한 채 찬 땅에 아버지를 묻고 나서, 49재와 1년 상을 치렀고 몇 년째 벌초하러 묘소에도 다녀왔지만 아직도 실감이 나질 않는다. 아버지가 안 계시다니!

아직도 아버지가 제주도 집에 계신 듯하다. 내가 고향을 떠나 있어서 아버지를 보지 못하는 것이나 아버지가 돌아가셨기 때문에 보지 못하는 것이나 별반 다를 게 없기 때문이다. 사실 아버지가 돌아가시기 전까지 못보고 지낸 시간이 훨씬 많았다. 이러나 저러나 나는 아버지의 아들이라는 사실이 달라질 수 없지 않은가. 아버지의 눈앞에서는 아들이고 서로 시야에서 사라지면 부자간이 아니고, 그러는 게 부모-자식 관계가 아니라는 건 누구나 알 만한 사실이다. 돌아가셨더라도 여전히 그분의 자식이라는 변할 수 없는 사실을 앞에 두고, 1년에 고작 몇 번 정성스런 밥상을 차려드리는 일에 대해서(설·추석·기일), 시세가 변했다는 둥 비용부담이 어떻다는 둥 그 의미가 있다 없다 설왕설래 한다면 참으로 서글퍼지지 않을 수 없는 일이다.

일 년에 두 번 겪는 대명절에 수많은 사람들이 차례상을 차렸다가 바쁘게 거두어 놓고는, 심지어 신위를 들고서 어디론가 유람을 떠나는 세태, 신위를 국내외를 불문하고 산 넘고 물 건너 호텔방에다 옮겨 놓고 차례지내는 것 마저 감행하는 작태 앞에서는 서글프다 못해 어이없는 실소만 터져 나온다. "살아계실 제 잘 섬기는 것이 중요하지 돌아가신 뒤에 제상을 지극정성으로 차리면 뭐하냐?" 매우 현실적이고 합리적인 지적 같지만, 뒤집어 생각하면, 아버지가 보일 제 잘 섬기지만 안보일 제 대강 섬겨 무방하다는 말이 되어버릴 수 있다.

백신魄身 그 몸은 찬 땅에 묻혔지만, 혼신魂神 그 넋은 아직 채 흩어지지 않은 아비에 대한 푸대접을 전제로 하는 화려한 생일상 차리기라면 … 글쎄. 울컥! 하는 심정이 든다.

이렇게 생각하니 아버지가 살아계실 적에 몇 번 차리지도 못했던 생일상은 아버지께 드린 것이었지만, 돌아가신 아버지께 올리는 제사상은 바로 나 자신과 남은 우리 가족을 위해 차리는 것이라고 이해하게 되었다. 돌아가셨지만 아버지는 여전히 아버지이고, 우리는 변함없이 자식이니까, 처지에 맞는 제구실을 하려는 우리들 자신을 위한 것이라고. 지극히 상식적인 이해가 아닌가?

돌아가시기 전 아버지와 나와의 일을 생각하면, 그것은 옛날을 들여다보는 것일 텐데, 거기서 보이는 건 옛날이 아니라 오늘의 내 모습이다. 그리고 앞으로 내가 겪을 미래의 나 또는 나와 내 자식 간에 벌어질 일에 대한 예감이다.

"저 홀로 있더라도 삼가라"(신독愼獨)는 말은 사실 남의 시선을 벗어나 방구석에 혼자만 있는 어떤 이를 설정해서 나온 게 아닐 것이다. 누가 나에게 "너의 할 일은 이것이다" 하고 일러주든 말든, 내가 어찌 사는지 쳐다보며 이런 저런 품평을 하는 사람이 있든 말든, 상관없이 내 처지에 맞게 내가 마땅히 해야 할 일을 하는 것, 그것이 얼마나 상식적인 일인가를 강조한 말이 아닐까 생각한다.

종종 "이럴 때 아버지는 어떤 판단을 하실까?" "이거 아버지가 좋아하는 음식인데" 등등 보이지 않는 아버지 앞에 아들로서 이런 저런 웅얼거림을 나도 모르게 내뱉는다. 아직도 제주도 고향집에서 하얀 화선지 위에 붓을 들어 검은 먹물을 휘갈기고 계실 듯한 아버지! 지금 내 시야에 나타나지는 않지만, 적어도 이런 독백을 토해 낼 때만은 보이지는 않으나 그렇다고 아버지가 없는 게 아니다. 내가 무슨 엄한(?) 짓을 할 찰나에 아버지가 문득 떠오른다면, 신독하지 않을 수 있을까? 나는 여전히 아버지의 가르침이나 훈계에서 벗어나지 않는 걱정스런 아들일 뿐이다.

부모가 구체적 존재태로 보이고 아니 보이고 여부에 따라 자식으로서 내 행위의 양태가 달라지는 게 아니라, 생존해 계시나 아니 계시나 무관하게 마찬가지의 행위기준과 삶의 양식을 지켜나가는 것, 그것이 제사가 되었든 일상 삶이 되었든 조선문명을 이어온 우리가 갖게 된 더없이 소중한 축복이라고 말한다면 지나친가? 이런 풍속을 아직도 지키고 있는 우리는 참 괜찮은 족속이라고 자부한다면 국수주의에 매몰된 보수꼴통의 망언인가? 나는 조선반도에서 벌어지고 있는 제사·명절의 풍속도에 대한 어떤 폄하도 동의하거나 용납할 수 없다. 이 땅에 태어나 자라났기에 갖게 된 행운, 다른 곳에서 태어났다면 가져보지 못할 일상이기 때문이다. 내 손안에 쥔 축복을 제대로 보지 못하게 하는 그 어떤 교란도 이런 나의 지향을 저지할 수 없을 것이다.

제7조

스승을 섬김(事師)

사 사

학자 성심향도 칙필수선융사사지도 민생어삼 사지여일
學者 誠心向道 則必須先隆事師之道 民生於三 事之如一
기가불진심여 동처칙신혼참알 이처칙어수업시참알 삭
其可不盡心歟 同處則晨昏參謁 異處則於修業時參謁 朔
망제회행례견재배 평거시봉 극기존경 독신교회 복응불
望齊會行禮見再拜 平居侍奉 極其尊敬 篤信教誨 服膺不
실 여치언론행사 유가의자 칙수종용강문이변득실 불가
失 如値言論行事 有可疑者 則須從容講問以辨得失 不可
직이기견편비의기사 역불가불사의리이지신사설 지어
直以己見便非議其師 亦不可不思義理而只信師說 至於
봉양지의 역당수력치성 이진제자지직
奉養之宜 亦當隨力致誠 以盡弟子之職

배우는 자가 성심으로 도道에 뜻을 두었으면 모름지기 먼저 스승 섬기는 도리를 융숭히 하여야 한다. 사람은 어버이·스승·임금 이 세 분 덕에 살게 되므로 똑같이 섬겨야 하니, 어찌 마음을 다하지 않을 수 있겠는가. 함께 거처하고 있으면 아침·저녁으로 문안하고, 떨어져 살고 있으면 수업 받을 때 뵈오며, 초하루·보름에는 모두 모여서 삭망례를 행한 다음 뵙고 재배再拜한다. 평소에 모시고 받드는 것도 존경을 극진히 하며 가르침을 독실히 믿고 가슴에 품어 잊지 말아야 한다. 스승의 말씀과 행하는 일에 의심스러운 점이 있을 것 같으면 모름지기 조용히 조리 있게 여쭈어 그 잘잘못을 가려야 하는데, 곧바로 자기의 의견으로 문득 스승이 잘못이라고 논란해서는 아니 되며, 또한 의義·리理를 생각하지 않고 스승의 말만 맹신해서도 아니 된다. 의당 봉양하는 데 있어서도 힘닿는 대로 성의를 극진히 하여 제자의 직분을 다하여야 한다.

어버이·스승·임금을 똑같이 섬긴다. 이는 "백성은 세 분의 덕으로 살아가니, 섬기기를 한결 같이 한다. 아버지가 낳으시고, 스승이 가르치고, 임금이 먹인다"를[거)] 들어서 한 말이다. 아마도 이게 와전되어 "군사부일체"라는 말이 생겨난 듯하다. 아직까지 유교경전에서 "군사부일체"라는 문구를 본 적이 없다. "군사부일체"는 임금을 앞세우며 강조하고 있지만, 어버이·스승·임금을 똑같이 섬긴다는 것은 스승·임금도 어버이 못지않게 잘 모셔야 한다는 말이다. 양자는 서로 함의가 다르다.

스승을 부모와 다름없이 섬겨야 한다, 치성致誠으로 제자의 직분을 다해야 한다는데, 주목할 만한 것은 스승을 섬기고 제자의 직분을 다한다는 일이 당시의 학인들에게 어떤 일이었는지 그 핵심이 구체적으로 제시되어 있다는 점이다.

> 스승의 말씀과 행하는 일에 의심스러운 점이 있을 것 같으면 모름지기 조용히 조리 있게 여쭈어 그 잘잘못을 가려야 하는데, 곧바로 자기의 의견으로 문득 스승이 잘못하고 있다고 논란해서는 아니 되며, 또한 의義·리理를 생각하지 않고 스승의 말만 맹신해서도 아니 된다.

스승에 대한 극진한 존경으로 가르침을 독실하게 믿고 가슴에 품어 잊지 말아야 하는데, 공부의 길에서 의문이 없을 수 없다. 제6조(사친)에서 "만약 부모가 잘못이 있을 때 성의를 다하여 은근히 간하고 점차 도리로써 깨닫도록 해야 한다"는 것과 마찬가지로, 시시비비를 가릴 만한 점이 있다면 격조 있는 언어로 조리 있게 스승과 토론하는 것, 의義와 리理를 기준으로 할 뿐 스승의 말만 맹신하지 않는 것, 이게 바로 제자의 직분을 다하는 일이다.

"스승의 말이라고 해서 무조건 믿지 말라!"

참으로 조선의 선비정신을 단적으로 보여주는 말이 아닐 수 없다. 그렇다고 제 멋대로 생각하는 게 아니라, 시시비비를 가리는 데에 오로지 의義와 리理의 보편적 기준을 근거로 삼아야 한다.

요즈음 세태는 어떠한가? 의·리를 바탕으로 하는 스승의 말이라고 해도 들으려 하지 않고 우습게 여기는 경우, 의·리 여부는 고사하고 어디에서 튀어 나온 말인지도 모르면서 호기심이 간다고 재미있으니까 믿는 경우, 권위자의 말이라고 그 근거를 따져 보지도 않고 무조건 믿는 경우 등등 답답한 경우를 접하기 쉬운 형편에 있다. 어떤 말이든 믿을 만한 말인지 확인해 보고 믿으려면, 시시비비를 가리는 데 보편적 기준이 될 의義·리理에 무지해서는 아니 될 것이다.

적어도 공부하는 학인이라면, 남의 글을 읽을 때는 주장하고 있는 내용뿐만 아니라 그 주장의 근거가 무엇인지 직접 확인하는데 철저해야 하고, 내가 글을 쓸 때는 나의 주장의 근거가 무엇인지 독자가 직접 확인할 수 있도록 가급적 친절하게 그 통로를 제시해 주어야 한다.

제8조

벗을 가림(擇友)

전 도 해 혹 수 재 어 사 이 여 택 보 인 실 뢰 붕 우 학 자 필 수 택 충
傳道解惑 雖在於師 而麗澤輔仁 實頼朋友 學者 必須擇忠

신 효 제 강 방 돈 독 지 사 여 지 정 교 상 잠 이 실 상 책 이 선 절 차
信孝弟剛方敦篤之士 與之定交 相箴以失 相責以善 切磋

탁 마 이 진 붕 우 지 륜 약 입 심 불 독 검 속 불 엄 부 랑 희 유 상 언
琢磨 以盡朋友之倫 若立心不篤 檢束不嚴 浮浪嬉遊 尙言

상 기 자 개 불 가 여 지 교 야
尙氣者 皆不可與之交也

도道를 잇고 의혹을 푸는 일은 스승에게 있다 하더라도, 함께 도와가며 공부하고 인덕仁德을 쌓는 것은 실로 벗들끼리 서로 힘입어 가며 일어나는 일이다. 그러므로 배우는 자는 반드시 충성되고 믿음직하며 효성스럽고 어른에게 순종하며 굳세고 반듯하며 돈후하고 독실한 선비를 가려 벗으로 사귈 것이며, 서로 어긋남을 경계하고 선행을 권하며 절차탁마하여 벗의 윤리를 다하여야 한다. 만일 마음가짐이 독실치 못하거나 검속이 엄하지 못하거나 떠돌아다니며 놀이나 즐기거나 말과 기백을 앞세운다면 모두 사귈 만하지 못하다.

현대에도 급우들간의 "상교학습"이니 이로 인한 "시너지효과"니 하는 말을 하고 있듯이, 공부의 길에서 동료들 사이에 서로 도움을 주고받는 일은 예나 지금이나 매우 중요한 일이다. 교사나 학부모가 돕지 못하거나 돕기 어려운 경우에도 동료들 사이에는 서로 돕는 게 가능할 수 있기 때문이다. 우리는 흔히 친구를 잘 사귀어야 한다는 말을 하거나 듣곤 한다. 좋은 친구를 사귀라는 것이다. 「학교모범」에서도 좋은 이를 친구로 삼으라는데 그 좋음의 기준이 매우 까다롭다. '충성되고 믿음직하며 효성스럽고 어른에게 순종하며 굳세고 반듯하며 후하고 독실한' 인물이 우리 주변에 얼마나 있을 것이며 또 있다고 한들 어찌 알아 볼 것인가? 이런 사람을 택하여 친구로 사귀라는 것은 아마도 이미 이런 경지에 이른 자를 물색하여 친구로 삼으라는 말이라기보다는 친구들 사이에 서로 어긋남을 경계하고 선행을 권하며 절차탁마하고 벗의 윤리를 다하여 이런 선비가 되라는 권고가 아닐까 한다. 공자는 "자기보다 나은 벗을 사귀라"면서 이어 "허물이 있거든 고치는 것을 꺼리지 말라!"고 말한다.[너)]

"자기보다 나은 이를 친구로 삼아라!" 소시적 부모님한테서 자주 듣던 말이다. 그런데 나는 이 말을 들으면서 논리적으로 모순이 있다고 생각했고 속으로 반발심이 들었었다. 나보다 나은 이를 친구로 삼으려고 그에게 다가간다면, 그의 입장에서는 내가 그보다 못한 이가 아닌가? 그렇다면 그는 나를 친구로 삼으려 하지 않을 텐데, 이런 상황에서 나와 그는 과연 친구가 될 수 있겠는가? 쫌 말이 안 된다. 이렇게 생각했었다.

인간의 성장과정에서 일거에 위에서 권하는 인물, 누구나 택할 만한 독실한 선비가 될 수는 없다. 서로 어긋남을 경계하고 선행을 권하며 절차탁마하는 가운데 동무들은 서로가 서로의 장점을 발견할 안목을 갖게 될 것이고 그것을 본받고자 할 수도 있을 것이다. 모든 면에서 나보다 나은 벗이 있을 수 없고, 모든 면에서 나보다 모자란 벗도 있을 수 없다. 가까워진 벗에게서 나보다 나은 면을 보고 닮을 줄 알고, 나의 모자란 면을 고쳐나가는 일을 벗들 사이에서 할 수 있다면,[더] 이는 참으로 훌륭한 공부의 길이 아닐 수 없다.

좋은 것을 서로 권하는 것(책선責善)이 동무 사이의 도리이다.[러] 벗에게 바라는 바를 먼저 그에게 베푸는 것(선시先施)이[머] 쉬운 일은 아니나(공자도 아직 잘하지 못한다고 했다. 미능未能!) 내가 좋아하고 가까이 하고 싶은 벗에게 하기 힘든 일도 아니다. 많은 이들이 학창시절에 벗을 위해 뭐든 해주고 싶은 적이 있었을 것이고, 누구든 그런 벗을 아직도 몇 몇 두고 있을 것이다. 이런 인물은 멀리 있어도 흐뭇하고, 가까이 있어도 싫지가 않다.[버]

작금 우리가 참담한 심정으로 목격하고 있는 '학생들 사이의 폭력' 현상에 대해서 이런저런 진단과 해석이 난무하고 있다. 도대체 평소 학교교실에서 학생들이 어떤 생활을 하고 있기에, 요즈음의 학생들 사이에서는 서로 좋은 것을 권하지 못하고 있고 자기가 바라는 바를 급우에게 먼저 베풀지 못하고 있는가? '책선責善'과 '선시先施'를 가로 막고 있는 게 뭐냐?

이 세상의 어른들로부터 잘못 배운 탓이라고 밖에 볼 수 없다. 동료들한테 폭력과 갈취를 일삼는 학생들은 나쁜 어른의 흉내를 내는 것이 습성을 이룬 것이고 그 행위의 잔혹성에 무감각해진 것이다. 참으로 안타까운 일이 아닐 수 없다.

뜻을 세워 배움에 나서기 보다는 등 떠밀려 입학하여 진학하고, 몸을 단속하는 훈육을 별반 겪어보지 못하고, 독서에 매진하기 보다는 온갖 음영상 매체에 노출되어 길들여지고, 말을 삼가도록 하기 보다는 마음껏 지껄이도록 부추김을 받고, 마음을 지키기 보다는 마구 풀어 놓기를 거의 강요당하다시피 하고, 어버이나 스승을 섬기는 데에 치성致誠을 들인다는 것에 대해 시대착오적이 아닌가 고개를 갸우뚱 하도록 어른들이 그 아이들을 가르쳤기 때문에, 아니면 최소한 방치했기 때문에 신성하고 경건한 배움터에서마저도 폭력과 약탈을 자행하는 어처구니없는 현상이 벌어지고 있는 것이다.

'책선責善'과 '선시先施'를 가로 막고 있는 게 뭔지, 그리고 그 장애물을 치울 수 있는 해결의 실마리를 찾을 수 있을지 아득하여 잘 모르겠지만, 어디서부터 어긋났는지는 확실히 말할 수 있다. 그것은 우리의 아이들이 겪어야 할 일을 제대로 겪지 못했기 때문이다. 필수적인 공부를 하지 않았기 때문에 폭력행위를 일삼는 아이들이 나오는 것이다. "세 살 적 버릇 여든까지 간다"고 했다. 다음 제9조 (가정생활)에서 이 문제를 자세히 검토할 수 있다.

제9조

가정생활(居家)

학자 기수신심 칙거가수진윤리 형우제공이시약일체 부
學者 旣修身心 則居家須盡倫理 兄友弟恭而視若一體 夫
화처순이무실어례 훈자이의방이불이애혹총 지어어가
和妻順而毋失於禮 訓子以義方而不以愛惑聽 至於御家
중 주엄이행서 진념기기한 상하정숙 내외유별 일가소처
衆 主嚴而行恕 軫念其飢寒 上下整肅 內外有別 一家所處
지사 의무소불용기극
之事 宜無所不用其極

배우는 자가 몸과 마음을 닦고 나서는 가정생활에서 함께 사는 도리를 다하여야 한다. 형은 우애하고 아우는 공손하여 한 몸 같이 여기고, 남편은 온화하고 아내는 양순하여 예禮에 어긋나지 말며, 옳음·반듯함으로써 자녀를 훈육해야지 사랑 때문에 총명이 흐려져서는 안 된다. 집안의 아랫사람들을 다스리는 데 있어서도 엄격을 주로 하되 관용을 베풀고 배고프거나 춥지는 않은지 잘 보살펴야 한다. 위아래가 정숙하고 내외의 분별이 있어서 집안에서 처리되는 일이 극진하지 않은 것이 없어야 한다.

「학교모범」이 논의하는 범위는 학교에 국한되어 있지 않다? 이렇게 판단하기 보다는, 조선시대의 학교는 우리가 아는 성균관·향교·서당(리숙里塾·향숙鄕塾)만을 말하는 게 아니었다고 보는 게 옳을 것이다. 집(家)과 마을(里), 지역사회(주州·부府·군郡·현縣) 등을 모두 배움터로 삼고 살았다. 성균관·향교·서당은 이 배움터 안에서도 매우 특별한 교육공간이었다. 이 특별한 교육공간에서만 배움을 추구한다고 해서 그 공부가 제대로 될 리 없다.

함께 사는 도리를 다해야 학교에 나아가서 스승·동무와 더불어 배울 수 있다. 200여 년 전 이사주당(李師朱堂, 1739-1821)의 저작 『태교신기』는 말한다. 교사를 탓하기 전에 아비·어미로서 과실이 없는지 돌아보라고, 교사가 가르칠 수 없는 것은 교사의 과실이 아니라고.[9]

9) 是故 氣血凝滯知覺不粹 父之過也 形質寢陋才能不給 母之過也 夫然後責之師 師之不敎 非師之過也 이런 故고로 긔운과 피가 매치여 知지覺각이 맑디 못함은 아븨 허물이오 형상과 자질이 변변치 못하여 재능이 넉넉지 못함은 어믜 허물이다. 그런 애를 스승에게 맡긴다면 스승의 가라티디 못함이 스승의 허물이 아니니라(『태교신기』 제1장).

“옳음·반듯함으로써 자녀를 훈육해야지 사랑 때문에 총명이 흐려져서는 안 된다.” 자식을 아낀다는 마음에 부모의 눈과 귀가 멀어버리는 일, 비일비재하지 않을까? 동서고금을 막론하고 어릴 적 훈육은 소홀히 할 수 없는 일이다. 칸트(1724-1804)와 뒤르껭(1858-1917)의 말을 차례로 들어보자.

> 훈육은 매우 일찍부터 실시되어야 하는데, 초기에 훈육이 이루어지지 않았을 경우 성인이 된 후에는 성격을 바꾸기가 어렵기 때문이다. … 인간은 오직 교육에 의해서만 인간이 된다. 인간은 단지 교육이 형성한 존재일 뿐이다. … 어렸을 때 훈육을 게을리 하는 것은 도야를 게을리 하는 것보다 더 해롭다. 왜냐하면 도야를 게을리 한 것으로 인한 문제는 성장한 뒤에라도 바로 잡힐 수 있지만, (훈육을 게을리 한 결과로서 나타난) 막무가내는 성인이 되어서도 제거할 수 없어서, 훈육이 잘못되면 결코 돌이킬 수 없기 때문이다.[서)]

> 이기적이고 비사회적인 존재인 신생아에겐 다양한 방법으로 가능한 한 빨리 새로운 도덕적 사회생활을 영위해 나갈 수 있도록 해 주어야 한다. … 교육의 과업은 개별적 유기체를 타고난 천성대로 발달시키거나, 다만 드러나게만 하면 되는 숨은 잠재력을 분명하게 해주는 데에 그치는 것이 아니다. 교육은 인간 안에 새로운 존재를 창조한다. 이러한 창조적 속성은 인간의 교육만이 갖는 독특한 특성이다.[어)]

이들보다 7·8백 년 전에 동방의 유학자 역시 비슷한 의견을 제시했으며, 아동이 일찍부터 훈육되어야 할 필요와 이유를 절실하게 풀이해 주고 있다.

> 이천선생이 말하였다. 옛사람들은 자식을 낳아 먹고 말 할 줄 알면 가르쳤다. 큰 배움으로 나아가는 방법은 '예豫'를 먼저 하는 데 있다. 사람이 어렸을 때에는 앎과 사고에 주主된 바가 아직 없으니 마땅히 바른 말과 지극한 논의를 날마다 아이 앞에 일러주어야 한다. 비록 아직 분명히 알지 못하더라도 귀가 따갑도록 지속적으로 일러주어 온 몸에 가득 차도록 해야 한다. 이리 하여 오래되면 스스로 편안히 익숙해져서 마치 본래부터 가지고 있었던 것처럼 될 것이니, 비록 다른 말로 유혹하더라도 그에게 들어갈 수 없을 것이다. 만약 그것을 '예豫'로 하지 않으면, 점점 자라남에 따라 사사로운 뜻과 편벽되게 좋아하는 것이 안에 생겨나고 여러 사람들의 변언辨言이 밖으로부터 침식해 들어가게 되어, (그가) 순수하고 완전하기를 바랄 수 없을 것이다.[저]

아직 분별력이 깃들지 않은 어린이는 (제법 자란 뒤에는 혹 꺼릴 만한 것이라도) 왕성한 모방 본능에 따라 어른이 권하거나 본을 보이는 그대로 별다른 거부감 없이 좋은 언행을 몸에 익히기 쉽다. 아이들은 온전히 이해한 뒤에야 수용하는 게 아니라, 아직 잘 모르더라도 받아들이도록 계속 종용하면 받아들일 여지가 크다. 중요한 점은 이런 과정이 오래 지속되면 아이는 그 좋은 습성이 마치 본래 타고 난 듯이 여기게 된다는 것이다. 여기엔 전제 조건이 있다. 바른 말과 지극한 의논을 수시로 일러 줄 좋은 어른들이 그 아이 주변에 있어야 한다는 것이다.

아동은 어른(부모)의 거울이다. 요즈음 우리 아이들의 모습은 바로 우리 어른들 모습의 반영이다. 아이들에게서 못마땅한 모습을 보게 된다면 먼저 어른들이 반성해야 한다. 아동의 유연성·모방성향·미성숙 등을 감안할 때, 교사나 부모들은 최소한 언행을 함부로 하지 않는 조심성을 갖춰야 하며, 자녀에 대한 적절한 지도를 게을리 하지 말아야 한다. 이와 관련된 뒤르껭의 조언은 새겨들을 만하다.

> 아동의 인식에는 그에게 제시되는 것에 대해서 맞서 싸울 수 있을 만한 표상을 아직 조금밖에 가지고 있지 못하며, 그의 의지는 아직 발달하지 않은 상태이다. 그러므로 그는 암암리에 영향을 받기가 대단히 쉽다. 동일한 이유로 그는 본뜨기에 민감하며 모방하는 경향이 강하다. … 만약 교사나 부모가, 아동에게 일어나는 모든 사태는 아동에게 반드시 어떤 흔적을 남겨놓는다는 사실과, 아동의 정신과 성격이 순간순간 발생하는 자잘한 수많은 무의식적인 행위, 대수롭지 않다고 여긴 탓에 주의를 기울이지 않은 수많은 무의식적인 행위에 의해서 형성된다는 것을 항상 잘 인식하고 있다면, 그들은 자신의 언어와 행동을 대단히 조심할 것이다. … 본능적 이기주의를 억누르는 것을 배우고, 보다 높은 목적에 자신을 종속시킬 줄 알고, 욕망을 의지의 제어에 따르도록 하며 적절한 한계 내에 한정시킬 줄 알도록 하기 위하여 아동은 강한 자제력을 훈련해야 한다. … 아동은 다만 교사나 부모를 통해서만 자기의 의무를 인식할 수 있다. 부모나 교사가 어떻게 해서 아동에게 의무를 깨닫게 하는지는 오직 부모·교사의 언어와 행동에 의해서만 알 수 있다. 그러니까 교사·부모는 아동에게 의무의 화신, 의무의 구현체인 것이다. … 그러므로 아동은 교사의 말 속에서 권위를 인식하도록, 그 권위의 영향력을 입을 수 있도록 훈련받아야 한다. 이러한 조건 위에서만 아동이 나중에라도 양심적으로 권위를 재발견할 수 있고 권위를 존중할 줄 알게 될 것이다.[처]

우애하는 형과 공손한 아우, 예에 어긋나지 않는 온화하고 양순한 남편과 아내가 있는 집에서라면(그 무엇보다 서로 언어예법에 어긋나지 않는 게 가장 중요할 것이다) 함께 어우러져 잘 지낼 수 있는 아이로 키워져 학교에 나아가 서로 책선責善·선시先施하는 동무들이 될 수 있을 것이다.

제10조

사람을 응접함(接人)

학자 기정기자 칙추이접인 일준예의 사장이제 여침식
學者 既正其家 則推以接人 一遵禮義, 事長以第〈如寢食
행보 개후장자 십년이장 칙이형사지 년장이배 칙대지익
行步 皆後長者 十年以長 則以兄事之 年長以倍 則待之益
공 무유이자 지어목족교린 무부득기환심 매이덕업상
恭〉 撫幼以慈 至於睦族交鄰 無不得其歡心 每以德業相
권 과실상규 예속상성 환난상휼 상회제인리물지심 약
權·過失相規·禮俗相成·患難相恤 常懷濟人利物之心 若
상인해물저의사 칙불가일호유어심곡
傷人害物底意思 則不可一毫留於心曲

> 배우는 자가 가정을 바로잡고 나서는 남을 대할 때 한결같이 예禮와 의義를 지켜야 한다. 어른 섬기기는 공손하게 하고〈침식과 행보를 모두 어른보다 뒤에 하되 열 살 이상이면 형으로 섬기고, 갑절 이상이면 더욱 공손히 대우한다〉 나이 어린 사람은 자애로 어루만져야 하며, 친족과 화목하고 이웃을 사귀는 데에도 그들의 환심을 얻지 못하면 안 된다. 항상 덕업德業을 서로 권장하고, 잘못을 서로 바로잡고, 예절 바른 풍속을 서로 이루고, 환란에 서로 도와, 늘 남을 구해주고 일을 이롭게 하려는 마음을 품어야 하며, 남을 다치게 하거나 일을 해롭게 하려는 생각은 털끝만큼도 마음 한 구석에 머물게 해서는 안 된다.

각 가정과 마을공동체, 지역사회가 온전하지 못한데, 학교가 제대로 운영될 리 없다. 가정에서 의義·방方으로 훈도를 받은 이라면 사람을 대하는 데 이 조문에서 제시하는 바에 어긋남이 없을 것이다. 나의 감정과 의사가 타인에게 제대로 소통되려면 서로가 공유하는 형식과 기준을 알고 지켜야 한다. 그것이 바로 예禮와 의義이다.

앞서 제9조에서 "조선시대의 학교는 우리가 아는 성균관·향교·서당만을 말하는 게 아니라, 집과 마을, 지역사회 등을 모두 배움터로 삼고 살았다"는 맥락에 어울리게, 향약의 네 조목이 「학교모범」에 들어 있다. 주민들이 정기적으로 모여 향약의 네 조목을 주지시키는 행사를 요즈음 시행하기는 어려울 것이다. 그러나 향약의 취지를 오늘날에 발현시킬 길이 없는 것도 아닐 텐데 안타까운 심정이다.

매스컴·인터넷이 그 매개물이 될 수 있지 않을까 가능성을 타진해 보지만, 현재 실정으로는 어림없는 일일 것이다. 일상에서 우리의 정서적 배경을 조성하는 데 가장 강력한 매체인 방송이 향약의 이 네 조목을 모토로 운영될 길은 없을까? 남을 다치게 하거나 일을 해롭게 하려는 생각은 꿈에서조차 하지 않을 인물로 우리의 아이들을 성장하게 하는 일을 거들 수 있는 방송은 불가능한 것인가! 방송이 이 모토에서 멀어질 때면 거침없는 지탄이 가해지는 풍토를 기대하는 것은 헛된 망상에 지나지 않는 그런 세상이 되어 버렸다. 어떤 프로그램이든 막장으로 치달을 때 어김없이 시청률이 바닥을 치는 현상이 나타나지 않는 한, 광고장사를 위해 시청률 경쟁에 혈안이 된 방송사의 파렴치하고 거침없는 행태를 저지시킬 수 없을 것이다. 우리들은 언제까지 이런 추세를 방치할 것인가? 아니 방조할 것인가?

향약의 덕목을 추구하는 방송은 커녕, 심지어 다큐멘터리나 뉴스마저도 선정적이라는 비난을 면할 수 없는 방송이 판을 치는 실정이지만, 이런 방송행태를 저지할 길을 찾기 힘들다. 긍정적인 역할을 해주길 바라기 보다는 부정적인 졸속의 행위를 제발 하지 말기 바라는 것 말고는 방송에 대해서 기대할 게 없는가? 이게 과연 언론인가? 언론은 과연 가급적 많은 이들이 눈과 귀를 활짝 열어 기어이 보고 들어야 할 만한 것들을 전하고 있는가?

아주 간단하게 교통사고 소식을 전하는 뉴스를 예로 들어 보자. 처참하게 부서진 차량이 화면에 잡히고 이어서 모자이크 처리된 중상자 또는 사망자가 응급차로 옮겨지는 장면이 나온다. 사고가 어떻게 얼마나 격렬하게 발생되었는지 전 과정을 세세하게 다시 보는 듯 한 생생한 보도가 연출된다. 꼭 이래야만 하는가? 이 끔찍한 사고의 적나라한 장면과 보도를 전국의 아이들과 임신부들도 보고 듣고 있다. 한 줄의 자막으로 처리해도 충분한 사고를 이렇듯 자극적으로 전해야 하는 이유가 무엇이든 그게 현재 자라나고 있는 아이들과 앞으로 태어날 아이들의 정서적 안정보다 더 중요한가?

뉴스마저 이지경이니 다른 프로그램은 더 말할 것도 없다. 매스컴이 중요한 것은 우리 사회에 태어나서 자라나는 아이들에게 부지부식 간에 매우 강한 영향을 미치기 때문이다. 앞의 제9조(가정생활)에서 어릴 적에 훈육이 중요하다는 점을 강조한 『근사록』의 아래와 같은 요지의 내용을 소개하였고, 여기에는 바른 말과 지극한 논의를 수시로 일러줄 좋은 어른들이 주변에 있어야 한다는 전제조건을 말하였다.

> 사람이 어렸을 때에는 앎과 사고에 주主된 바가 아직 없으니 마땅히 바른 말과 지극한 논의를 날마다 아이 앞에 일러주어야 한다. 비록 아직 분명히 알지 못하더라도 귀가 따갑도록 지속적으로 일러주어 온 몸에 가득 차도록 해야 한다.

매스컴은 아이들 주변에 늘 맴돌면서 이런 저런 얘기를 들려주는 어른과도 같은데, 매스컴에서 쏟아져 나오는 얘기들 중에서 바른 말과 지극한 논의와는 거리가 먼 것들이 많다면 우리의 아이들이 제대로 자라나길 바라는 것은 허황된 기대일 수밖에 없다. 음모와 술수, 협잡, 폭력, 출생의 비밀 등이 난무하는 드라마가 판을 치는 상황, 이런 드라마가 흥미진진하다고 애고 어른이고 빠져들어 높은 시청률을 보이는 현상이 지속되는 한, 우리의 자녀들에게 "남을 다치게 하거나 일을 해롭게 하려는 생각은 꿈에서조차 하지 말라"고 가르쳐본들 무슨 소용이 있을지 의문이다. 우리의 자녀들이 남을 다치게 하거나 일을 해롭게 하려는 생각은 꿈에서조차 하지 않도록 자라나야 내 자녀가 다치지 않고 일이 해롭게 되지 않는다.

매스컴은 매우 중요하고도 강력한 사회적 역할과 기능을 갖고 있다. 워낙에 강력한 역할과 기능을 갖고 있기에 매스컴은 조금만 잘못되어도 엄청나게 위험하다. 매스컴은 아직 어린 아이들에게 "바른 말과 지극한 논의를 지속적으로 일러줘야 한다"는 과제를 가장 충실히 수행할 수 있는 동시에 우리의 아이들과 그들이 살아갈 이 사회를 뒤흔드는 주범이 될 수도 있다는 점을 우리 모두 망각하지 말아야 한다. 매스컴은 어떤 이유로든 신중함을 잃어버려서는 안 된다. 조심 또 조심해야 한다.

제11조

과거에 응시함(應擧)

과제수비지사소급급 역근세입사지통규 약전지도학 진
科第雖非志士所汲汲 亦近世入仕之通規 若專志道學 進

퇴이예의자 칙불가상이 여혹관국지광 불면응거 칙역당
退以禮義者 則不可尙已 如或觀國之光 不免應擧 則亦當

이성심주공 물낭과시월 단불가이득실상기소수 차상회
以誠心做功 勿浪過時月 但不可以得失喪其所守 且常懷

입신행도충군보국지념 불가구구온포이이 구능지도불
立身行道忠君報國之念 不可苟求溫飽而已 苟能志道不

태 일용무비순리 칙과업역일용간일사야 하해어실공 금
怠 日用無非循理 則科業亦日用間一事也 何害於實功 今

인매환탈지자 불면이득실동념고야 차근일사자통병 태
人每患奪志者 不免以得失動念故也 且近日士子通病 怠

타방이 불무독서 자위지모도학 불설과업이유유도일 학
惰放弛 不務讀書 自謂志慕道學 不屑科業而悠悠度日 學

문 과업양무소성자 다의 최가위계
問·科業兩無所成者 多矣 最可爲戒

과거에 급제하는 것은 비록 뜻있는 선비가 조급히 서두를 일은 아니나, 오늘날 그것이 벼슬길에 들어가는 통규通規이다. 오로지 도학道學에 뜻을 두어 예禮와 의義에 따라 나아가거나 물러서는 이라면 그것을 숭상할 리 없지만, 혹 과거시험장에 나아가 응시해야 한다면 마땅히 성심으로 공부해야지 부질없이 세월을 보내서는 안 되며, 이해득실 때문에 품어온 바를 잃어버리지 말아야 하며, 또 자신을 바로 세우고 도道를 행하여 임금에게 충성하고 나라에 보답하겠다는 생각을 항상 품고 있어야지, 구차하게 몸 따습고 배부르기나 구해서는 안 된다. 진실로 도에 뜻을 두어 게을리 하지 않고 일상 하는 일이 도리에 어긋남이 없다면, 과거공부도 일상사의 하나이니 실질적인 공력을 쌓는 데에 무슨 해로움이 있겠는가. 요새 사람들이 늘 뜻을 빼앗기지 않을까 염려하는 까닭은 득실得失로써 생각이 움직이는 것을 면치 못하고 있기 때문이다. 또 요즈음 선비의 공통된 병폐는 태만하고 해이하여 독서에 힘쓰지 않으면서도 스스로 도학에 뜻을 두어 추구한다고 하면서 과거공부를 달갑게 여기지 않고 한가하게 세월만 보내어, 학문·과거 양쪽 다 성취하지 못하는 자가 많으니 가장 경계하여야 한다.

만세태평을 표적으로 삼아 뜻을 세우고, 몸을 단속하며 치열하게 글을 읽고, 말을 삼가며 마음을 흐트러뜨리지 않고, 어버이와 스승을 극진히 모시며, 좋은 벗과 교유하며 집 안팎을 가릴 것 없이 예와 의를 지키며 살아가는 이라면 제11조에 나타난 우려와 당부를 들을 필요가 없을 것이다. 그럼에도 불구하고, 과거(문·무·잡과)를 통한 입사入仕(공직자 생활로 들어서는 것)가 워낙 중요한 일이었으므로, 공직자가 되기까지는 물론 공직자가 된 이후에도 득실得失로써 생각이 움직이는 그런 인물이 되지 말라고 한다. 득실로써 생각이 움직이면 도대체 어떤 일이 일어나기에 이런 경고를 하는 것인가? '실'은 줄이고 '득'은 늘려야 하지 않겠는가?

나는 이렇게 생각한다. 득실은 미리 예단할 수 없고 최종적으로 또는 한참 시일이 지난 이후에야 판단할 수 있는 문제이기 때문에 이것을 기준으로 움직여서는 오히려 결과적으로 '득'보다 '실'이 많을 수 있다는 얘기라고. 결국 '득실'이라는 준거를 버리라고. 그게 혹 손실이 많을 결정이라는 예감이 들더라도 두 눈 질끈 감고 과감히 버리라고. 이런 다음에 결과적으로 이득을 볼지 아니면 손해를 볼지 재단하는 것은 무의미하다. 그건 나의 행복과 무관하다.

우리는 '어제의 나'보다 나은 '오늘의 나', 더 좋은 '나'가 되기 위해 치열하게 경쟁해야 한다. 나의 궁극적 경쟁상대는 옆의 동무가 아니라 바로 나 자신이다. '어제의 나'가 얼마나 까다롭기 짝이 없고 상대하기 힘든 존재인지 '오늘의 나'는 아주 잘 안다. 그래서 그와 경쟁하여 이기려면 치열한 노력을 기울이지 않으면 안 된다. 이 경쟁은 불가피한 숙명이며 반드시 이겨야 하는 도전과제이다. 모두 물리쳤다 싶어도 끝끝내 사라지지 않고 나와 맞서려는 최후의 경쟁자, 바로 '어제의 나'와 영원히 겨루지 않을 수 없다.

시험에 합격하기 위해 열심히 공부한다. 평소 열심히 공부하고 살았더니 시험에 합격했다. 이 양자는 서로 다른 것이다. 조선조 사회에서, 과거공부에만 매달려 조급히 구느라 학문 성취에 부진하거나, 반대로 도학자연하며 과거공부를 우습게 여겨 세월만 보내는 것, 양쪽 모두 지탄의 대상이었다. 부지런히 도리에 어긋나지 않게 일상을 지내어, 실질적 공력을 쌓는 게 시험공부와 무관하지 않은 그런 삶을 산 인물들이 각종 공직자 등용시험에 합격하고 마음 든든한 공직활동을 수행하여, 공무원이라면 누구나 서민으로부터 존중받는 그런 세상을 꿈꿔 본다. 아래에 검토하게 될 제12조(수의)·13조(상충)·14조(독경)의 내용을 곱씹어 보면 이런 꿈을 꾸는 자의 심정을 알 수 있을 것이다. 우리 모두 함께 같은 꿈을 꿀 수 없을까! 들불처럼 역병처럼 걷잡을 수 없이 번질 강렬하지만 고운 꿈을![10]

10) 〈부록2〉 제11조(응거)에 관한 보론 「시험의 사회적 기능과 과거제도의 의의」 참조.

제12조

의를 지킴(守義)

수 의

학자 막급어변의리지분 의자 무소위이위지자야 초유소

學者 莫急於辨義利之分 義者 無所爲而爲之者也 稍有所

위 개시위리척지도야 가불계재 위선이구명자 역리심야

爲 皆是爲利蹠之徒也 可不戒哉 爲善而求名者 亦利心也

군자시지심어천유 황위불선이정리자호 학자 불가이일

君子視之甚於穿窬 況爲不善而征利者乎 學者 不可以一

호리심존저흉중 고인위친복노 수행용부미 역소불사 여

毫利心存諸胸中 古人爲親服勞 雖行庸負米 亦所不辭 而

기심개결 불위리오 금지위사자 종일독성현서 이상불면

其心介潔 不爲利汚 今之爲士者 終日讀聖賢書 而尙不免

유리심 기불가애야재 수혹가빈영양 불면유소경획 단불

有利心 豈不可哀也哉 雖或家貧營養 不免有所經劃 但不

가맹구리지념이 지어사수취여 심찰당부 견득사의 불가

可萌求利之念耳 至於辭受取與 審察當否 見得思義 不可

일호구차방과

一毫苟且放過

배우는 자에게 의義와 리利를 분별하는 것보다 더 급한 일이 없다. 의義란 무엇을 위해서 하는 바 없이 하는 것이다. 조금이라도 위하는[바라는] 바가 있다면, 모두 리利를 위하는 도척盜蹠의 무리다. 경계하지 않을 수 있겠는가. 선행善行을 하면서 명예를 구하는 것도 리利를 위하는 마음이니, 군자는 그것을 「벽 뚫고 담장 넘는 도적」[커]보다 더 심한 것으로 보았다. 하물며 좋지 못한(不善) 행위를 하여 리利를 취하려는 것이랴! 배우는 자는 리利를 위하는 마음을 털끝만큼도 가슴에 담아 두어서는 안 된다. 옛사람은 부모를 위한 노역이라면 품팔이나 쌀을 지는 일일지라도 마다하지 않았지만, 그 마음은 강건하고 깨끗하여 리利로 자신을 더럽히는 일이 없었는데, 오늘날 선비라고 하는 사람들은 종일토록 성현의 글을 읽으면서도 오히려 리利를 위하는 마음을 품는 데서 벗어나지 못하니 어찌 슬픈 노릇이 아니겠는가. 비록 혹시 집이 가난하여 부모의 봉양을 위하여 도모할 수밖에 없는 경우라고 하더라도 리利를 구할 생각이 돋아나서는 안 된다. 그리고 마다하거나 받거나, 가지거나 주거나에 있어서도 언제나 그것이 마땅한지 여부를 잘 살피고, 이득이 되는 것을 보면 그것이 의로운지 생각해야 하며, 털끝만큼도 구차하게 지나쳐 버려서는 안 된다.

눈길이 더 가는 부분을 간추려 보자.

> 배우는 자에게 의義와 리利를 분별하는 것보다 더 급한 일이 없다. 의義란 무엇을 위해서 하는 바 없이 하는 것이다. 조금이라도 위하는[바라는] 바가 있다면, 모두 리利를 위하는 도척盜蹠의 무리다. … 배우는 자는 어떤 경우에도, 비록 가난에서 벗어나고자 하는 경우에도 리利를 위하는 마음을 털끝만큼도 가슴에 담아 두어서는 안 된다. … 이득이 되는 것을 보면 그것이 의로운지 생각하여야 하며, 털끝만큼도 구차하게 지나쳐 버려서는 안 된다.

의義, 의로움이란 무엇인가? 옳은 것이다. 그르지 않은 것이다. 이에 대한 「학교모범」의 정의(definition)는 간단하다. '무엇을 위해서 하는 바 없이 하는 것'(無所爲而爲之者) 아무 바라는 바 없이 하는 것이 의로움이다. 무얼 위하거나 바라서가 아니라 '그냥' 하는 것이 바로 의로움이다. 옳은 일은 그 일을 '그냥' 하게 된 일을 말한다. 옳기 때문에, 앞뒤 재고 헤아릴 여유 없이 '그냥' 한 것이다. 그 일이 옳기 때문에 그냥 감행하는 것은 오직 인간만이 갖는 독특성이다. 옳고 그름을 따지는 능력, 옳지 않은 일에 분개하고 그른 길을 피하려는 성향은 공부의 길에서 끊임없이 추구하게 되는 인간성의 정수이다.

배우는 자, 지식인이나 지도층이 의義와 리利를 구분하지 못하면 문제는 심각하다. 그가 큰 도둑이 되기 쉽기 때문이다. 더 큰 문제는 그 큰 도둑이 리利를 추구하는 일을 의롭다고 강변하고 정당화하며 스스로 의義를 추구하고 있다고 믿게 된다는 것이다. 이렇게 되면 이 큰 도둑을 말릴 길이 막막해지고 큰 도둑 또한 도적질에서 벗어나거나 용서받을 수 없게 되고 만다.

만세태평? 일세태평은 커녕 '당세무우當歲無憂(올 한 해라도 걱정이 없음)'도 면할 수 없다. 큰 도둑을 키우는 공부가 되지 않으려면, 반드시 의義와 리利를 분별하는 능력, 기어이 옳고 그름을 판별하고야 말겠다는 정서를 기르지 않으면 안 된다. 옳고 그름의 문제를 좋아하고 싫어함의 문제 나아가 이익 불이익의 문제와 혼동해서는 절대로 안 된다. 이익이 되고 좋아하는 일이라도 그르다면 하지 말아야 하고, 불이익이 되고 하기 싫은 일일지언정 옳다면,

즉 이것저것 따질 겨를 없이 '그냥' 할 수밖에 없는 일이라면 해야 한다고 가르쳐야 한다.

그 주요한 방도는 수학교육에 있다! 수학을 못하면 옳고(T) 그름(F)을 제대로 판별하지 못하고 따라서 의義와 리利를 혼동하기 쉽다. 수학을 이공계 대학으로 진학하기 위해 지겹도록 공부해야 하는 과목쯤으로 아는 시각이 만연해 있는 것은 참으로 안타까운 일이다.

옳음(義) 또는 참(眞)과 좋음(善)은 아름다움(美)의 경지로 드러나기 마련이다. 옳고 좋은 일, 그르고 나쁜 일은 아름다운(美) 고운 일과 추한(醜) 미운 일로 판가름 나게 된다.

의·리에 대한 무분별은 인류의 역사에서 동포와 뭇 생명에 대한 무참한 살육의 반복으로 이어졌는데 아직도 그칠 기미가 보이지 않는다. 근세 인류역사의 꼴이 추하고 밉기 짝이 없다. 국익을 부르짖는 국가주의가 극단적 종교처럼 되어버렸다. 여기에는 이욕추구의 첨병이자 조장자인 과학·기술이 또 다른 절대종교처럼 군림하며 개입·종사하고 있다. 의·리를 분별할 줄 모르는, 또는 의·리의 분별이 제 할 일이 아니라고 무관심하거나 외면하는 과학·기술!

두 사회를 비교해 보자. 국가의 이익과 나의 이익 사이에 어떤 관계가 있을지 저울질 하거나, 국익을 위해서라면 물불을 가리지 않겠다는 인물들이 득실대는 사회. 내가 의롭지 않다면 내 나라도 의롭지 못할 것이다, 내 나라가 의롭지 못하다고 해서 나마저 의로움을 저버릴 수는 없다, 나의 이익은 어찌 되든 내 나라의 의로움은 잃지 말아야 한다는 등의 지향성이 강한 사회.

전자가 후자보다 더 다툼이 많고 주변 사회와 갈등이 심한 사회일 것이다. 설령 온갖 정보분석기관을 거느린 대통령이라고 해도 나라의 이해득실을 어떻게 정확히 따질 수 있는지 궁금할 때가 많다. 나라의 이해득실은 장기적으로 파악되는 것이고 어느 순간에 결판나는 문제가 아니기 때문이다. 국익을 앞세워 개인의 영달을 추구하는 것, 나라 안팎으로 갈등을 빚어내는 것 등은 이해득실을 기준으로 나라와 그 구성원의 현상태와 앞길을 재단하는 데서 비롯된다. 어느 나라에서든 국익을 앞세우는 사람들을 경계하지 않으면, 나라의 의로움이 망실되어 가는데도(이로움 역시 덩달아 감쇄된다) 어찌할 길을 찾지 못한 채, 국익을 핑계로 사리사욕을 채우는 데 급급한 추저분한 무리를 무기력하게 목격하는 일이 반복될 것이다. 그러다 심각해지면 서로 싸우고 해치는 일까지 서슴지 않게 될 것이다.

그 피비린내 나는 잔혹한 학살의 전쟁을 겪었으면서도 여전히 무치武治의 질서 아래 허덕이고 있는 인류!

유감스럽게도 20세기 인류의 교육은 실패했다!

인류는 아이들을 국가나 특정 집단의 이익을 위해 살도록 가르치기 이전에, 게으름의 추구에 매몰되도록 부추기지 않고, 옳게 살도록 가르쳐야 했다. 서구에서 종교적·민족적 갈등으로 인한 대결과 살육, 제압과 굴복의 질곡에서 벗어나, 민족과 종교는 물론 직업의 격차나 신분적 차별을 융화시킬 수 있는 새로운 공동체를 꿈꾸고, 그런 공동체를 꾸려갈 인물, 그곳에 살기에 적당한 인물을 길러내기 위해, 나아가 무지와 미신으로부터의 해방을 위해 고안한 것이 근대의 학교였지만, 결국 그들은 이 과제를 성취하지 못했다. 이런 기획은 21세기에 이르러서도 도달하지 못한 미완의 과제로 남아 있으며, 우리 역시 이런 미완의 과제에서 자유로울 수 없다.

조선조를 살았던 우리의 선조들은 어땠는가? 현대 인류는 과거 서구의 삶의 질서에 따라, 국가 간에 서로 상대방을 함부로 넘볼 수 없도록 군사력의 균형을 유지하는 팽팽한 무력적 긴장의 연속이 곧 평화라는 논리 속에 살고 있다. 그러나 이런 몹쓸 긴장감을 평화로 인지하지 않는 족속과 시대가 우리의 역사 속에 엄연히 존재한다. 즉 이런 황당하기 짝이 없는 평화에 대한 규정은 무치武治의 역사에서 벗어나 본 적이 없는 저들의 것일 뿐, 인류 전체의 것이 결코 아니다.[11)]

개창 이후 200년이 되자 왜란·호란을 50년 정도 겪고 또다른 50년을 전후복구에 매진하고 나서 200년을 더 산 끝에 열강들의 난동을 만나 끝내는 일제에 의해 종언을 고한 조선조![12)] 이제 조선조가 종언을 고한지 어언 110여 년을 맞고 있다. 문文을 숭상한

---

11) 양차대전의 과정에서 인류는 서구문명의 발걸음 그 난폭성을 의심해야 했다. 그러나 서구인들은 인류 보편을 반성해야 한다는 핑계로 이를 회피했다. 가증스런 행태였다. 당시 반성해야 할 정확한 대상은 서구 역사의 패권추구 제국주의 행보였다. 인류 전체가 그처럼 정신 나간 발걸음을 재촉하고 있었던 게 아니기 때문이다. 그 회피는 일방적 이익 추구에 눈 먼 제국주의의 폭력 앞에 어처구니없이 내동댕이쳐진 피해자를 동조·방조자로 둔갑시킨 해괴한 짓이었다. 이런 해괴한 짓을 저들이 저질렀다. 심지어 프랑크푸르크학파 마저도. 그들에게 묻고 싶다. 과연 양차대전을 근거로 온 인류의 인간성에 대한 근원적 반성의 물음을 던지는 것이 타당한 것이냐고. 무슨 일인지도 모르고 죽이고 죽어간 수많은 필부필부들의 인간성도 무도한 군국주의자들의 인간성과 함께 다루어 논하는 게 진정 옳으냐고.

12) 경술국치는 오로지 일제에 의해서만 벌어진 일이 결코 아니다. 여기에 가담한 여러 열강들이 있었기에 저지를 수 있었던 일이다.

탓에 나라가 약해져서 외침을 당하면서 시달렸다고? 조선조 개창 초기에 가병家兵을 혁파했고 훈민정음[13]을 창제했다(조선문명 5천 년 역사에 최대의 두 사건!). 무력으로 인민을 겁박하는 통치를 뒤로 하는 한편 인민이 스스로 문식文識을 가질 수 있도록 하여 언론과 설득, 상호이해로 삶의 얼개와 질서를 닦아 나가는 문치文治의 기반을 마련한 것이다.

문치가 위대한 것은 문文으로써 나라를 다스리겠다는 데에 있기보다는 문치의 질서와 얼개를 이해하고 수용할 줄 아는 인민이 있다는 데에 있다. 조선의 인민은 문치를 요구하는 단계에까지 나아갔고 이 사회적 요구를 실현시킬 길을 대왕세종이 닦았다. 글이 창칼보다 더 강한 사회를 이미 그때 만들었고 조선조 내내 그 기조를 유지하였다.

율곡의 양병養兵 건의가 일본을 찍어 누르고 명나라와 맞서 싸우자는 군국주의적 요청이었을까? 그것은 도적떼를 물리쳐야 한다는 것 때문이었다. 또한 문무文武는 어느 쪽도 폐할 수 없는 것인데

---

13) 글자를 만들어 놓고 그에 대한 명칭을 정음正音, 즉 '반듯한 소리'라고 했고, 뭇 백성을 위한 것이라 했다. 백성을 위한 바른 소리 훈민정음은 백성들이 말하고 듣는 소리를 보이게 하는 체계이다. 어떤 소리도 표기하지 못할 게 없는 '보이는 소리'가 바로 훈민정음이다. 그렇게 탁월한 글인데도 백성들이 배우기 쉽다. 사람이라면 어느 누구든 배우기 쉽다. 그러나 우리말은 배우기 어렵다. 조선의 백성들은 배우기 어려운 우리말을 어렸을 때부터 서서히 익혀 알게 되고 그것을 표기할 훈민정음 한글을 쉽게 배워, 말과 글을 온전히 구사하고 이해할 수 있는 조건을 갖게 된 것이다. 5세기도 더 이전에 우리는 이런 조건을 갖췄다! 누가(다른 누구도 아닌 왕이) 언제(560여 년 전에) 만들었는지 확인할 수 있는 유일한 문자라는 것보다 더 중요한 사실은 훈민정음 창제 이후 '내가 말하고 싶은 것 모두 글로 표기할 수 있게 되었고 유교경전에 깃든 뜻에 좀 더 가깝게 다가설 수 있데 되었다'는 점이다. 훈민정음 창제 직후 세상에 내놓은 것이 『동국정운』이었다는 점을 상기하자.

(文武不可偏廢), 조선조 개창 후 200년 즈음에 나타난 느슨한 분위기를 다잡아야 한다는 호소가 아니었겠는가? 조선조 500년은 중간에 벌어진 전쟁과 복구의 시기 100년을 제외하고는 무력적 긴장 없이 평화를 유지한 역사다. "팽팽한 무력경쟁 없이도 평화를 누릴 수 있다면 더없이 좋겠지만, 그건 인류의 속성상 도저히 실현될 수 없는 영원한 이상일 뿐"이라고 저들은 말하고 싶을지 모르겠으나, 이 이상은 조선의 역사 속에 분명히 실현되어 존재하고 있다. 꿈같은 막연한 이상이 아니라, 엄연한 역사적 사실이다! 의심할 여지없이 확고하지만 군국주의자들에게는 납득될 수 없는 사실!

동북아시아의 유구한 사대事大·사소事小의 교린외교질서를 무너뜨린 일본의 반칙(좀 더 정확히 말하면, 대마도주와 히데요시의 어리석은 배신과 황당한 망동)이 바로 임진왜란이었다.[14] 이후 호란을 겪는 등 혼란기를 거쳐 종래의 동아시아 국제관계를 온전히 회복하는 데에 족히 100년은 걸렸다. 그러고 나서 200년 쯤 지나자, 서구 열강들의 등쌀에 중국도 일본도 덩달아 제국주의 패권경쟁에 뛰어들어, 조선은 동북아시아 국가 간 교린외교질서를 더 이상 기대할 수 없는 고립무원의 안타까운 신세가 되어버렸다.

자! 이제 되물어보자! 조선조의 종언이 저들이 나쁜 놈이었던 탓이 아니라, 우리가 미련했던 탓이냐? 저들은 잘났고 우리는 못난 것이었더냐? 우리가 그르게 살자고 뻰질댄 나머지 올바르게 살 길에 등을 돌린 탓에 저들한테 당한 것이냐? 그래서 조선조는 망해도 싼 것이더냐? 다음과 같은 양계초의 흉측한 망언에 동의할 수 있을

---

14) 나는 단언한다. 임진왜란이 없었다면 히로시마·나가사키의 원폭도 없었을 것이라고.

지 우리 스스로 자문해보자.

> 조선 사람은 미래의 관념에 대하여 매우 박약하다. 소민(小民)은 한 번 배부르면 서로 두 셋이서 짝을 지어 차[茶]를 다리며 나무 그늘에 쉬면서 한담(閑談)으로 날을 보낸다. 다시 내일은 어떻게 먹을 것을 구할까 하는 생계문제를 계획하지 않고 유유하게 고대(古代) 태평시대의 사람과도 같다. 벼슬한 사람들도 또한 그러하다. 다만 오늘에 벼슬을 하고 권세가 있으면, 내일에 나라가 망하더라도 그러한 것은 관심 밖이었다. 그러므로 일본이 통감부(統監府)를 설치한 후로부터 모든 사람은 다 조선의 운명이 얼마 남지 않았다는 것을 알았다. … 그 다음 합병조약(合倂條約)이 발표되자, 이웃 나라의 백성들이 오히려 조선을 위하여 많은 눈물을 흘렸는데, 조선 사람은 기뻐하고 만족해 하였으며, 고관(高官)들은 날마다 출세를 위한 운동을 하여 새 조정(朝庭)의 영예스러운 벼슬을 얻기를 바랐으며, 가볍게 즐기었다. … 일본이 비록 마음을 먹고 생각을 쌓았으나 남의 나라를 침범하려고 생각하였겠는가? 일본이 비록 정예(精銳)를 길렀지만, 남의 나라를 망하게 할 실력이 있겠는가? … 조선을 망하게 한 자는 조선이지 일본이 아니다. 조선 사람은 이미 스스로가 망하는 것을 즐겨하였으니, 또한 무엇을 불쌍히 여기겠는가?[15)]

그래! 그렇게도 잘난 족속들이 모여서 한 세기 동안에 두 차례의 저주스런 대전大戰을 벌이고, 잔혹한 학살·착취에 대해 그보다 더한 지옥불을 민간인 거주지에다 두 차례나 터트리고서야(인류 역

---

15) 양계초(1910). 附: 朝鮮滅亡의 原因, 한무희(역)(1977). 『三民主義, 大同書, 飮氷室文集』(삼성판 세계사상전집 40). p.285,287.

사상 전무후무한 핵무기 폭격) 겨우 멈추고, 가해자 피해자 가릴 것 없이 모두가 이익을 추구하다 함께 망신창이가 되었다. 그런데도 여전히 제 정신 차리지 못하고 틈만 나면 국가이익 타령하며 전쟁을 일삼았고, 아직도 이런 행보는 거칠 것 없이 당당하다. 과학·기술은 이런 행적에 빼놓을 수 없는 후원자 노릇을 톡톡히 하고 있으며, 점점 불안해지고 있는 우주선 지구호의 현실을 오히려 훨씬 더 편안해지고 있다는 미신(헛된 신념)으로 감추고, 진보라는 이름으로 포장하여 인류의 절대적인 신뢰를 확보해 놓고 있다.

우리도 저들이 추구하는 삶의 질서에 흠뻑 젖어 들어야 평화롭게 잘살고 있다고 안심하도록 스스로 세뇌당하고 있지는 않은가? '강대국'이라는 말과 의·리에 무분별한 맹목적 과학·기술 숭배가 사라지지 않는 한 인류는 영원히 문치文治를 이룰 수 없으며, 인류의 교육은 계속 실패하고 있는 것이다.

우리는 해방 이후 지금까지 아이들을 어떻게 가르쳐 왔는가? 못난 족속이라는 누명을 벗어 던지고, 옳고 좋은 사람들, 너희와 함께 살고 싶다고 도처에서 찾아올 만한 그런 고운 족속이 되고자 아이들을 가르치고 있는가? 아직 아니라면, 이제라도 일그러진 자화상과 자학적 역사인식을 훌훌 털어 버리고 우리의 아이들을 옳게 살도록 가르치는 데 모두 나서자!

이러자면 먼저 정확한 앎이 전제되어야 한다. 나 자신의 내력과 내가 살고 있는 세상에 대한 정확한 앎! 인류와 인류가 살아온 세상에 대한 바른 이해! 지인知人·지천知天!

제13조

충직함을 숭상함(尙忠)

충후여기절 상위표리 무자수지절 이이모릉위충후 불가
忠厚與氣節 相爲表裏 無自守之節 而以摸稜爲忠厚 不可

야 무근본지덕 이이교격위기절 불가야 세속효박 실덕일
也 無根本之德 而以矯激爲氣節 不可也 世俗淆薄 實德日

상 비궤수아인 칙필교항상기 중행지사 성난득견의 시왈
喪 非詭隨阿人 則必矯亢尙氣 中行之士 誠難得見矣 詩曰

온온공인 유덕지기 우왈 유역불여 강역불토 필온
溫溫恭人 維德之基[16] 又曰 柔亦不茹 剛亦不吐[17] 必溫

공화수 근본심후 연후내능식립정의 임대절이불가탈의
恭和粹 根本深厚 然後乃能植立正義 臨大節而不可奪矣

피비첨비부 고부족도의 명위학문지사 이협재협현 경인
彼卑諂鄙夫 固不足道矣 名爲學問之士 而挾才挾賢 輕人

모물자 기해불가승언 득소위족행행자호자 기능진유기
侮物者 其害不可勝言 得少爲足悻悻自好者 豈能眞有氣

절재 근일사자지병여차 양유예학불명 허교성습고야 필
節哉 近日士子之病如此 良由禮學不明 虛驕成習故也 必

수강명예학 이진존상경장지도 구여시 칙충후기절 양득
須講明禮學 以盡尊上敬長之道 苟如是 則忠厚氣節 兩得

지의
之矣

16) 『시경』 「대아, 억」

17) 『시경』 「대아, 증민」

> 충후忠厚와 기절氣節은 서로 안팎이 되는 것이니, 스스로 지키는 절도가 없이 두루뭉술한 것을 충후하다 할 수 없고, 근본의 덕이 없이 과격한 것을 기절이라 할 수 없다. 세상의 습속이 어지럽고 야박해서 실덕實德이 날로 쇠퇴하여, 남의 비위를 맞추어 아부하거나 그렇지 않으면 반드시 거만스레 기개만 숭상하니, 행실이 올바른 선비를 만나보기가 참으로 어렵다. 『시경』에 "온화하고 공손한 사람이여 덕의 기틀이로다" 하였고, 또 말하기를 "부드럽다고 해서 삼키지 않았고, 딱딱해도 뱉아버리지 않았다" 하였듯이 반드시 온화하고 공손하며 원만하고 순수하여 근본이 깊고 두터워진 뒤에야 정의正義를 수립하고 큰 절의에 다다라 잃어버리지 않을 수 있다. 저 비루하고 아첨하는 자들이야 본래 말할 것도 없지만, 명색이 학문한다는 선비인데도 재주와 현명함을 내세워 남을 얕보고 업신여기는 자는 그 해가 이루 말할 수 없다. 조금 알았다고 흡족해 하며, 걸핏하면 발끈하고 제멋대로인 사람이 어찌 기절氣節을 제대로 지닐 수 있겠는가. 요즈음 선비의 병통이 이와 같으니, 진실로 예학에 밝지 못한 데에서 비롯되어 헛된 교만이 습관을 이룬 탓이다. 반드시 예학을 강명講明하여 윗사람을 존중하고 어른을 공경하는 도리를 다하여야 한다. 진실로 이렇게 한다면 충후忠厚와 기절氣節 양쪽 다 이룰 수 있을 것이다.

윗 글을 볼 때면, 항상 『근사록』 권11 「교학류」편의 첫 문장, 주렴계의 다음 글이 연상된다.

> 염계濂溪선생이 말하였다: "강剛이 선善하면 의롭게 되고 바르게 되고 결단성이 있게 되고 굳세게 되고 단단하게 되며, 악惡하면 사납게 되고 좁게 되고 뻣뻣하게 된다. 유柔가 선善하면 인자하게 되고 순하게 되고 공손하게 되며, 악惡하면 나약하게 되고 결단성이 없게 되고 간사하게 된다."터)

부드러운 남자! 훈남! 강인한 여자! 강직한 성품! 외유내강! 불굴의 의지! 유연한 태도! 등등 부드러움과 굳셈을 테마로 하는 인물에 대한 느낌과 품평은 일상적으로 접하는 것이다.

우리는 흔히 부드러운 게 좋은가, 아니면 굳센 게 좋은가 하는 식으로, 부드러움과 굳셈을 인성의 상대적인 양 극단으로 대비시키고, 어느 한 쪽으로 치우치면 다른 한 쪽으로부터 멀어지는 것처럼 생각하기 쉽다. 그래서 이 두 가지 덕성을 함께 지닌 인물을 만나기가 참으로 어렵다고 여기는 듯하다.

주렴계는 이 문제를 달리 다루었다. 부드러움과 굳셈에도 좋은 것과 나쁜 것이 있다고 여겼다. 좋은 것은 추구의 대상이지만 나쁜 것은 기피해야 한다. 우리가 추구해야 할 바는 강剛·유柔의 어느 한 쪽이 아니라 선강善剛·선유善柔이다. 사납고 좁고 뻣뻣한 굳셈과 나약하고 결단성이 없고 간사한 부드러움은 추구의 대상일 수 없다. 더 중요한 것은 가르침과 배움에 대한 글 「교학류」편의 맨 처음을 이러한 문장으로 장식하고 있다는 점이다. 가르치고 배우는 일은 결국 좋은 사람(선인善人)으로 키우기 위한 것이라는 기본적인 정서가 지속되어 왔기에 이를 반영한 편집일 것이라고 생각한다. 선善 즉 "좋다"(good)는 곧 "잘한다"(well)와 통한다. 판소리 마당에서 터져 나오는 추임새, "조오타!"와 "잘한다!"는 같은 감정의 발로이다. 예술작품을 접해서 "이 작품 참 좋다!"는 느낌을 받는다면 그 작품에 대해 "잘 만들었다!"는 평가를 내린 셈이다. 좋은 사람을 길러내는 일은 바로 뭐든 잘하는 사람을 육성하는 것이 된다.

「학교모범」의 충후는 부드러운(柔) 덕성에 가깝고 기절은 굳센

(剛) 성품과 비슷하다. 두루뭉술한 것 또는 줏대 없이 그래그래 하는 것, 이와는 반대로 과격한 것이나 거만한 것 모두 선비의 올바른 행실이 아니라고 말하고 있다. 『근사록』의 말로 한다면 분명히 선강善剛·선유善柔가 아닌 것이다. 이를 제대로 추구하기 위해 「학교모범」이 제시하고 있는 방도는 "예학을 강명講明하여 윗사람을 존중하고 어른을 공경하는 도리를 다하여야 한다"는 것이다. 과연 이러면 좋은 사람이 될 수 있을까?

우리는 존경尊敬이라는 말을 흔히 쓰고 있지만, 나보다 지위가 높은 윗사람인 경우에는 존중해야(尊) 하고, 나보다 나이가 많은 분에게는 공경해야(敬) 한다고 구분하지 않는다. 이게 바로 예법을 잘 모르는 데서 오는 불찰이고, 이런 불찰이 예법을 고리타분하고 억압적인 것으로 오해하도록 만든다. 비록 나보다 나이가 어리지만 지위가 높은 사람을 우리는 존중할 줄 알아야 한다. 또한 나보다 지위가 낮다고 해도 나이가 많다면 그 사람을 공경할 줄도 알아야 한다. 여기서 나이를 헤아리는 것은 일·이년 차이조차도 엄격하게 따지라는 까탈스런 주문이 아니다. 앞서 제10조(접인)에서도 "열 살 이상이면 형으로 섬기고, 갑절 이상이면 더욱 공손히 대우한다"(十年以長 則以兄事之 年長以倍 則待之益恭)고 했다. 연령과 지위가 모두 나보다 높다면 존중과 공경(尊·敬)의 예를 다해야 할 것이다.

연하자라고 해도 자기보다 지위가 높다면 그에게 한 치도 벗어남이 없이 존중의 예를 갖추고(尊上之道), 지위가 낮지만 자기보다 연장자인 경우 공경의 도리를 다하는(敬長之道) 이를 우리는 충직·돈후하면서도 기개와 절조가 있는 선강善剛·선유善柔의 인물이라고 말할 수 있지 않을까? 이런 사람이야말로 좋은 사람, 뭐든 잘 할 사람이라고 기대해도 어긋남이 없을 것이다.

조금 안다고 흡족해 하며 예학에 밝지 못하여 교만하고 걸핏하면 발끈하며 제멋대로인 사람! 이런 사람과는 도저히 함께 일할 수 없다. 미덥지 못하고 기대할 게 없는 빈곤하고 서툰 인물이기 때문이다. 함께 있으면 기분이 나빠지는 인물! 다시는 함께 하고 싶지 않을 것이다.

우리는 한 번 만나보면 두 번 다시 보고 싶지 않은 인물이 아니라, 한 번이라도 더 만나고 싶은 사람, 늘 곁에 있고 싶은 사람이 되고자 애쓰고 또 그런 사람이 되라고 가르쳐야 하지 않겠는가? 충직·돈후하면서도 기개와 절조가 있는 사람은 바로 이런 사람이다.

제14조

독 경

공경을 돈독히 함(篤敬)

학자 진덕수업 유재독경 불독어경 칙지시공언 수시표리
學者 進德修業 惟在篤敬 不篤於敬 則只是空言 須是表裏

여일 무소간단 언유교 동유법 주유위소유득 순유존 식
如一 無少間斷 言有教 動有法 晝有爲宵有得 瞬有存 息

유양 용공수구 막구견효 유일자자 사이후이 시내실학
有養 用功雖久 莫求見效 惟日孜孜 死而後已 是乃實學

약불무차 이지이변박설화위문신지구자 시유지적야 기
若不務此 而只以辨博說話爲文身之具者 是儒之賊也 豈

불가구재
不可懼哉

배우는 자가 덕을 쌓는 데 정진하고 학업을 닦는 것은 오직 공경을 돈독히 하는 데에 있다. 공경하기를 돈독히 못하면 이는 다만 빈 말일 뿐이니, 모름지기 겉과 속이 하나같고 조금도 중단이 없어야 한다. 말에는 따를 만한 가르침이 있고 행동에는 법도가 있으며, 낮에는 하는 일이 있고 밤에는 얻는 것이 있으며, 눈깜짝 할 사이 숨 한 번 쉬는 사이에도 마음을 지키고 본성을 가꾸어(存心養性), 공부에 힘쓰기 비록 오래더라도 그 효과를 보려 하지 말고 오직 날마다 부지런히 하여 죽은 뒤에야 그만두는 것이니, 이것이 곧 실학實學이다. 만일 이것(독경篤敬의 실학)에는 힘쓰지 않고 단지 따져들고 해박한 이야기로써 자신을 꾸미는 도구로 삼는 것은 곧 선비의 적이다. 어찌 두려워하지 않을 수 있겠는가.

성인을 지향하여 배우겠다고 뜻을 세운 자는 제2조 검신에서 제13조 상충에 이르기까지 모든 것을 부단하게 성실히 지속시켜 나아갈 수 있어야 할 것이다.

경敬이란 무엇인가? 이에 대한 대답은 잠시 접어 두고, 독실篤實에 대해 얘기해 보자. 어쩌다 한 번씩 가끔 그러는 게 아니라 겉과 속이 다르지 않게 꾸준히 그러한 것이 바로 독실이다. 말이든 행동이든 낮이나 밤이나 잠시라도 쉼이 없이 지속되지 않는다면 경敬이 무엇이든 소용없는 일이고, 속이 어찌 되었든 겉모습만 그럴듯해도 헛된 노릇이다. 우리가 공부하는 이유는 이러지 않으려는 것, 즉 실없고 헛되지 않으려는 것이다. 제아무리 오래도록 부단히 공부에 매진했다고 하더라도 효과를 보려 들지 말고, 그저 나날이 치성致誠으로 노력하는데 죽기 전까지 지속하는 것, 이게 바로 실학實學이다.

우리는 '실학'하면 우리의 일상에 손쉽고 편리함을 더하는 그 무엇, 나아가 과학·기술로 연결시키려 들 것이다. 또, 유학은 이에 반하는 것으로 오해하는 듯하다. 그러나 조선조 사회에서는 불교·도교에 매달리는 게 실속 없는 허학虛學이고, 유학이야말로 이에 반하는 알찬 배움 실학이라고 보았다. 과학·기술은 결과적으로 우리 생활에 크게 영향을 미치지만, 그에 대한 이론들은 지극히 추상적이어서, 우리 생활, 예컨대 화목한 가정이나 인정 넘치는 공동체 등의 문제와 직접적인 연관을 찾기 어렵다. 그러나 유학은 과학·기술과 직접적으로 연결되지 않을지 모르나 결코 무관하다고는 할 수 없는 동시에, 우리의 일상생활과는 매우 구체적으로 밀접히 관련된다. 유학은 바른 인격, 성실한 삶, 친한 인간관계 등에 매우 실용적이다.

어떻게 하면 가급적 적은 노력으로 더 많은 성과를 낼 수 있을지 골몰하는 게(least input for best output) 아니라, 어떤 성과를 낼지 미리 알 수 없는 노릇이니 만큼 그냥 최대한의 노력을 간단없이 경주하는 데에만 전념하는 것(Just Best Input!), 이게 바로 독경篤敬의 모습이 아닐까 한다. 뒤르껭도 교육에 대해 이와 유사한 의견을 가졌다.

> 확실히, 교육이 불연속적이고 급작스런 변화에 의해 행해질 때에는 별다른 성과를 거둘 수 없다. … 교육은 끈기 있고 계속적이어야만, 즉각적이고 분명한 성과를 추구하지 않고 오히려 외부로부터의 장애나 우발적인 사정 때문에 단념하게 놔두지 않고 확고한 뜻을 가지고 더디게 추구되어야만, 아동의 마음에 깊은 영향을 미치는 데 필수적인 온갖 수단을 갖추게 된다.[퍼]

이렇게 비슷한 의견을 제출하고 있는 사실이 의아한 일인가, 당연한 일인가? 교육에 대한 기본은 동서고금이 다를 수 없다는 점을 보여주는 당연한 일이라고 생각한다.

공부한다는 이들이 자신을 꾸미는 데에 분주하다면, 자신의 현재 상태보다 더 평가절상 되기 위한 꼼수 부리기에 혈안이 되어 있다면(겉포장과 내용물이 다른 것. 내용이 뭐든 겉으로 좋게 드러나기만을 추구), 그들은 공부한답시고 설치는 것일 뿐 공부하고 있는 게 아니다. 실제로는 배우고 있는 게 아니고 공부하고 있는 게 아니다. 그건 실학이 아니다.

제15조

학교에 거처함(居學)

거 학

학자 거학궁시 범거지 일의학령 혹독서 혹제술 식후잠

學者 居學宮時 凡擧止 一依學令 或讀書 或製述 食後暫

이유영 서창정신 환습소업 석식후역연 군거필강론상장

爾游泳 舒暢精神 還習所業 夕食後亦然 羣居必講論相長

섭이위의 정제엄숙 약선생 시사장 재학궁 칙행읍지후

攝以威儀 整齊嚴肅 若先生〈是師長〉在學宮 則行揖之後

강문정익 허심수교 패복주선 여무익지서 불가청문왕용

講問請益 虛心受敎 佩服周旋 如無益之書 不可請問枉用

심력

心力

배우는 자가 학궁學宮에 있을 때에는 모든 행동거지를 일체 학령學令에[18] 따라야 한다. 독서하고 제술製述도 하며 식후에는 잠시 거닐어 정신을 가다듬고 돌아와서 수업한 바를 익히는데, 저녁 먹은 뒤에도 역시 그렇게 한다. 여럿이 함께 기거할 때에는 반드시 강론으로써 서로 식견을 늘이는데, 위의威儀를 갖추어 가지런하고 엄숙히 해야 한다. 만일 선생님이 학궁에 계시면 읍揖을 한 뒤에 질문하여 더 배우기를 요청하는데, 마음을 비우고 가르침을 받아서 늘 가슴에 품고 있어야 하며, 무익한 책에 대해서 질문하여 심력心力을 허비하게 해서는 안 된다.

「학교모범」은 여기에 이르러서야 비로소 학교와 관련된 언사를 제시하고 있다. 앞에 제3조(독서)와 제7조(사사)가 학교 안에서의 일과 무관하지 않으나, 학교라는 특정 공간에 국한하여 말하고 있지는 않다.

현대에도 학교의 안과 밖은 서로 다른 공간이다. 법적으로도 다르다. 학교 교문 안에서는 설사 사법경찰이 체포영장을 들고 왔다고 하더라도 현행범 이외에는 그 학교의 장이 허락하지 않는 한 학교 안에 있는 어떤 인물도 체포할 수 없다.

학교 안에 있으면서도 학령을 지키지 않는다는 것은 학생임을 포기하고 학교를 나가겠다는 것이나 다름없다. 제대로 공부하는 이라면 학교 담장 안에 있을 때의 언행이라고 해서 학교 밖 일반적 공동체 공간에서의 언행과 별반 다르지 않은 생활을 추구하겠지만, 생활공동체에서 매우 특별한 배움터인 학교 안에서는 모든 생

18) 학령의 구체적인 사례는 〈부록4〉 제15조(거학)에 대한 참고자료 「복천향교 학령」 참조.

활의 초점이 수업에 맞춰져 있어야 한다. 그리고 함께 공부하며 강론으로써 서로 식견을 늘이는 활동에서 가볍게 굴지 말고 위의威儀를 갖추어 가지런하고 엄숙히 해야 한다.

조선시대에도 사람들이 어떻게 하면 잘 가르치고 잘 배울 수 있을까 하는 고민과 노력을 하고 살았을까? 요새로 치면 교육심리학·교육과정론·교수학습이론·교육방법론 등에 비견될 만한 의논과 언설이 있었을까? 있었다! 『예기』「학기」의 다음 글을 보자.

> 큰 배움의 방법에서 (어린 시절) 미발未發일 때에 금하는 것을 '예豫'라 일컫고, 적절한 때에 맞추어 가르치는 것을 '시時'라 일컫고, 수용능력에 벗어나지 않게 가르치는 것을 '손孫'이라 일컫고, (배우는 자들이) 서로를 관찰하여 서로 좋게 하는 것을 일컬어 '마摩'라고 한다. 이 네 가지가 가르침이 흥하게 되는 요소이다.
>
> 이미 발한 연후에 금하려고 하면 엄청난 저항이 있게 되며 어찌 해 볼 도리가 없다. 적당한 시기가 지나가 버린 후에 배우려고 하면 고생만 하고 성취하기가 지극히 어렵다. 잡다하게 이것저것 가르쳐줘도 본인의 수용능력에서 벗어난 것이라면 학업이 혼란스럽기만 하고 잘 닦아지지 않는다. 친구 없이 외톨이로 공부하면 고루해지고 견문이 좁아질 수밖에 없다. 친구들과 어울려 노는 데 빠지다보면 선생님 말씀을 거스르게 되고, 놀기만 좋아하는 습벽이 몸에 배면 배움을 폐하게 된다. 이 여섯 가지로 인해서 가르침이 폐하게 된다.
>
> 군자는 이와 같이 가르침이 흥하거나 폐하게 되는 연유를 알고 난 연후에야 비로소 스승이 될 수 있다. 그러므로 군자의 가르침이란 깨우침이다. 학생이 가야 할 길을 보여주지만 억지로 잡아끌지는 않으며, 강하게 권장하지만 억압하지 않으며, 생각

의 단초를 열어 줄 뿐 그 도달점에 어서 다다르라고 재촉하지 않고 기다린다. 갈 길을 제시하지만 억지로 잡아끌지 않으니 학생은 편안하며, 강권하지만 억압하지 않으니 힘겨워 하지 아니 하며, 열어 놓고 기다리니 사색하게 된다. 편안하고(和) 힘겹지 않게(易) 생각하도록 하는 것(思), 이를 좋은 깨우침이라고 할 수 있다.

배우는 자에게 네 가지 잘못이 있을 수 있는데, 가르치는 자는 반드시 그것을 알아야 한다. 사람이 배우는 데에, 제 수준에 넘치게 많이 배우려는 잘못, 조금만 배우고도 흡족해 하는 잘못, 쉽사리 배우려고 지름길 찾으려는 잘못, 중도에 그만두는 잘못 등이 있을 수 있는데 이 네 가지 잘못을 초래하는 마음이 제각기 다르다. 그 마음을 알아야 각각의 잘못을 고칠 수 있다. 가르친다는 것은 좋은 점을 키워주고 잘못을 고치는 것이다.[허)]

가르치려고 공들여 봤자 소용없게 되는 요인 여섯 가지는, 잘 가르칠 수 있는 길에 중요한 요소 네 가지의 부정형에 두 가지를 더한 것이다. 교사를 거스르게 되면 이윽고 어김없이 배움을 폐하게 된다. 그 발단은 친구들과 어울려 노는 데 빠지는 것이다.

학생을 가르치는 데 긍정적·부정적 요인을 잘 알아서, 학생이 편안하고 힘겹지 않게 사색하도록 하여 좋은 깨우침을 주는 교사! 배움의 길에서 학생이 저지를 수 있는 잘못들을 경우에 맞게 이해할 수 있는 교사! 즉, 고단하고 지루한 학업에 마주 서서 의욕이 넘치거나 저조한 학생들이 겪을 수 있는 심정에 대한 공감적 이해가 가능한 교사! 학생의 좋은 점은 더 크도록 하고 실수는 고치도록 하는 교사! 아마도 모든 부모가 제 자식을 학교에 맡길 때 바라는 교사상일 것이다. 교사는 좋은 사람이라야만 한다.

실수를 고치도록 하기는커녕, 아직 한시도 멈추지 않고 성장해 가고 있는 도중에 저지른 실수를 가지고 그 학생의 능력과 성품을 재단하여 고정시켜 버리는 미련한 짓을 하고 있지는 않은지, 우리 어른(부모·교사)들은 늘 경계해야 한다.[19]

19) 추가논의는 〈부록3〉 제15조(거학)에 대한 보론, 「교학상장教學相長, 교사의 멋과 맛!」 참조.

제16조

독법(讀法)

독법 위 매월삭망 제생제회우학당 알묘행읍례필후좌정
讀法 謂 每月朔望 諸生齊會于學堂 謁廟行揖禮畢後坐定
사장약좌 칙좌우북벽 제생 칙좌우삼면 장의 장의유
〈師長若左 則坐于北壁 諸生 則坐于三面〉 掌議〈掌議有
고 칙유사혹선독서자대지 항성독백록동교조급학교모
故 則有司或善讀書者代之〉 抗聲讀白鹿洞教條及學校模
범일편 인상여강론 상면이실공 유사장 칙인이질의 여
範一遍 因相與講論 相勉以實功〈有師長 則因以質疑〉 如
유의사칙인강정 제생유의사 칙사장선출 제생유고불
有議事則因講定〈諸生有議事 則師長先出〉 諸生有故不
능참 칙필구장 고우회처 중소공지유병급적지하향급기
能參 則必具狀 告于會處 衆所共知有病及的知下鄉及忌
일외 탁고불참자 지재도 칙출좌일삭 여시이유불래 칙고
日外 託故不參者 至再度 則黜座一朔 如是而猶不來 則告
우사장논벌 출좌 즉속소위손도 환허좌시 필만좌면책
于師長論罰〈黜座 卽俗所謂損徒 還許座時 必滿座面責〉

독법이란 매월 초하루와 보름에 유생들이 학당에 모두 모여 문묘文廟에 배알하고 읍례揖禮를 마친 뒤 좌정하여〈스승이 있으면 북쪽에 앉고 유생들은 삼면에 앉는다〉 장의掌議〈장의가 유고 시에는 유사有司 또는 글 잘 읽는 자가 대신한다〉가 소리 높여 「백록동교조白鹿洞敎條」[20]와 「학교모범」을 한 번씩 읽는 것을 말한다. 그리고 나서 서로 강론하며 서로 실질적인 공부로써 권면하고〈스승이 있으면 의혹된 점을 질문한다〉 만일 의논할 일이 있으면 강론으로 결정한다〈유생들이 의논할 일이 있으면 스승은 먼저 나간다〉 유생 중에 연고가 있어 참석할 수 없을 경우에는 반드시 사유서를 갖추어 모이는 곳에 알려야 한다. 두루 다 아는 바 병이 났거나 시골에 갔거나 기일忌日을 당한 외에 일이 있다고 핑계를 대며 참석하지 않기 두 번이면 1개월간 출좌黜座의 처벌을 하고 만일 그래도 오지 않으면 스승에게 고하여 처벌을 의논한다〈출좌(모임에서 내쫓음)를 보통 손도損徒라 이르며, 다시 복귀를 허락할 때에는 전체가 모인 자리에서 면책面責한다〉.

성균관·향교·서원 등의 조선조 학교에는 성현을 모신 문묘文廟가 반드시 있다. 유생들이 학교에서 기거하며 공부할 때 매일 아침 간단한 알성謁聖, 보름마다 모여 삭망분향례, 일 년에 두 번 성대하게 춘추석전대제 등을 지낸다. 학교 안에 문묘라는 제향공간을 둔다는 것이 현대인의 안목으로는 의아하게 보일지 모르지만 우리의 선조에게는 지극히 당연한 일이었다. 그런데 한반도의 현대인들에게 문묘가 멀어져 간 것은, 문묘의 의의에 무지한 일본인 어용학자들의 언설을 답습했기 때문이라고 생각한다.

조선 중엽 이후로는 향교는 교육기관으로서의 기능을 잃고 문

20) 주희(朱熹, 1130-1120)가 작성한 「白鹿洞書院學規」.

묘제사의 형식만 남아 쓸데없는 빈 껍질만이 한 마을에 한 개꼴로 있어 고종이 갑오개혁한 뒤에까지 지속되었다. ··· 서원의 폐해를 일괄하면, 一. 향교의 학생이 서원으로 옮겨 가기 때문에 향교가 쇠퇴하는 원인이 되었다. 二. 적당한 사장이 없기 때문에 모여서 놀고먹기를 일삼는 일이 많았다.[21]

향교는 이조 초기에 있어서는 국왕의 적극적인 문교 장려정책의 결과로 一邑一校 정도에까지 보급되었으나, 이조 중엽을 거쳐 그 말기에 이르렀을 때는 이미 교육기관으로서의 기능을 잃고 있어 학교로 생각할 수는 없었다. ··· 이와 같이 좋은 의도로 출발하여, 한 때는 지방문화와 교육의 중심이 되어 적지 않은 역할을 담당했던 향교도, ··· 이조 중엽부터는 점차로 쇠퇴하기 시작하여, 그 말기에 이르러서는 완전히 교육기관으로서의 기능을 잃게 되고, 오직 제사기관으로서 남아 있게 되었다. ··· 서원에 따라서는 자격 있는 스승이 없었기 때문에, 지방의 청년 자제들이 모여 학문의 연수보다도 잡담과 놀이로써 일을 삼았다. ··· 19세기 중엽에 접어들어 그 말엽을 향하여 가는 동안의 서원은 교육기관으로서의 기능을 다분히 상실하게 되고, 왕년에 누렸던 명성은 땅에 떨어져 있었다.[22]

조선조의 학교에 대한 비난에 가까운 이런 어처구니없는 자평은 사실 아래에 소개하는 일본인들의 몰지각한 빈정거림을 고스란히 옮겨 놓은 것이다.

그러나 당시(선조대)에 이미 향교의 교육은 유명무실하게 되었다. … 그 후 조선의 각지에 서원이 무더기로 세워져

21) 이만규(1947). 『조선교육사 I』(1991년 기획출판 거름 판). p.171,187.
22) 오천석(1964). 『韓國新教育史 上』(1975년 광명출판사 판). pp.26-30.

서원이 없는 고을이 거의 없을 지경이 되었는데, 그곳은 부근의 유생들이 모여서 시정의 득실을 논란하고, 향사享祀 즉 선현에 대해 제사를 지내는 일 외에는 교육상 거의 공헌하는 바가 없었다. 그러니까 이조의 융성기에 이르러 이미 지방의 학교 즉 서당과 태학의 중간기관인 향교는 유명무실하여 그 기능을 상실했는데, 그 안에 세워져 있는 문묘에 대한 제사는 초하루·보름에 분향례를 지내고 봄·가을에 석전제를 성대하게 지내는 등 단지 의식 기관으로서 유지되었을 뿐이다.[23)고)]

도道에는 도립의 학교라고 할 만한 게 존재하지 않았다.[24)] … 향교는 이조 중세에 이르러 학교로서의 존재를 상실했던 것이다.[25)노)]

사학四學은 이조 중세 이후에 거의 유명무실해졌다고 말해도 좋다. … 이조의 향교는 선조 이전에 이미 교육의 내실을 상실한 게 확실하다. … 유생은 모두 향교를 떠나 서원으로 몰려들었는데, 강학과 수도修道에 힘쓰지 않고 놀고먹으며 논란을 일삼는 무리가 되고, 중앙정계의 붕당과 표리가 되어 조정의 정치를 비난하고 심지어는 서원을 근거로 서민을 괴롭히는 등 그 폐해가 백출하는 데 이르렀다.[26)도)]

---

23) 高橋 亨(1920),『朝鮮の教育制度略史』, 京城: 朝鮮總督府學務局(『日本植民地教育政策史料集成(朝鮮篇), 第26卷』에 수록), pp.19-20.

24) 아니다. 조선조에 도단위 교육기관이 있었다. 이에 대해서는 다음 글을 참조. 장인진(1992). 경상감영의 낙육재 교육에 대하여. 『한문학연구』 제8집. 김경용(2008). 19세기말 更張期 朝鮮의 교육개혁과 「官學院錄」. 『教育史學研究』 제18집 제1호.

25) 弓削幸太郎*(1923). 『朝鮮の教育』. 東京: 自由討究社(『日本植民地教育政策史料集成(朝鮮篇), 第26卷』에 수록). pp.63-64.
 * 조선총독부 학무과장 역임(1911.4.11-1921.2.12).

한 때는 각 지방 두루 보급되어 융성하게 될 것 같았지만, 임진란 이후 누차의 병란을 겪음에 따라서 향교는 극도로 황폐해졌는데, … 이조 중세 이후에는 점점 교육기관으로서의 기능을 잃어버리게 되고 단지 문묘에 대한 제사만은 성대하게 행해졌다. … 요컨대, 서원의 특색은 충분히 인정할 수 있지만, 우리가 폐해로 생각하지 않으면 안 될 점은, 첫째, 서원은 결국 향교보다도 융성해져서, 향교의 유생도 서원에 몰려들어 다수가 모였지만 적당한 지도자가 없었기 때문에 강학과 수도修道를 하지 않고 무리지어 놀고 떠들고 먹고 마시기를 일삼는 자가 많았다는 사실, … .[27])로)

조선조의 학교에서 「교사-학생」의 관계는 다음과 같은 구조를 갖는다.

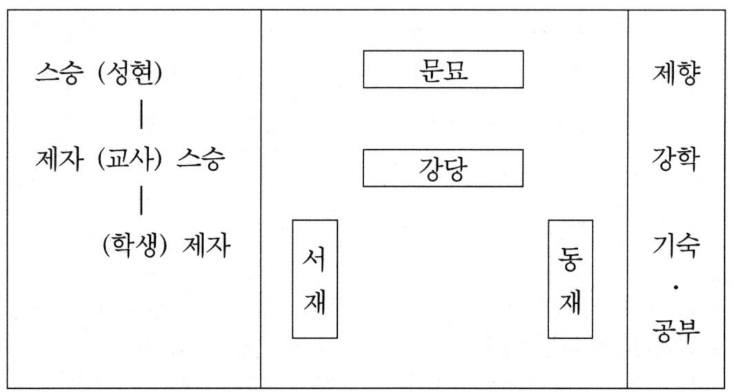

---

26) 小田省吾(1924). 「朝鮮教育制度史」. 『朝鮮史講座, 分類史』. 朝鮮史學會(『日本植民地教育政策史料集成(朝鮮篇), 第26卷』에 수록). pp.44,46-48.

27) 高橋濱吉(1927). 『朝鮮教育史考』, 京城: 帝國地方行政學會 朝鮮本部(『日本植民地教育政策史料集成(朝鮮篇), 第27卷』에 수록), p.66,83.

교사는 문묘에 모신 더 큰 스승에 대해서 제자로서의 겸손함과 동시에 학생에 대해서 스승으로서의 권위를 갖는다. 교사의 독자적 생각과 의견을 제시하는 게 아니라 더 큰 스승으로부터 배운 바를 잘 잇고 잘 전하는 것이다(선계善繼·선술善述). 학생으로서는 교사도 문묘에 모신 성현도 다 스승이다. 학교에서 공부하는 모든 게 문묘에 모신 성현의 말씀을 사장師長·동료와 더불어 박학·심문·신사·명변·독행하는 것이다.

문묘를 두는 게 필수적인 학교의 구성을 전제로 하지 않고서는, 즉 「문묘-교사-학생」의 삼자관계가 아니라 「교사:학생」의 일대일 관계로는, "스승의 말이라고 해서 맹신해서는 아니 된다"는 원칙은 성립할 수 없으며, 교사-학생 사이를 이간질하는 불순한 망발이 되어버릴 것이다.

현재 조선조의 학교, 성균관·향교 등은 죽어 있다. 죽었는데도 없어지지 않고 아직도 있다(死而不亡仍存). 애초에 우리가 스스로 나서서 이런 사태를 빚어 놓은 게 아니다. 성균관·향교를 이 꼴로 만들어 놓은 것은 일제의 조선총독부였다. 해방을 맞고 일제는 이 땅에서 물러갔지만 우리는 저 무도한 무리가 자행한 사태를 고스란히 그대로 방치해 놓고 있다. 조선총독부 건물을 모가지 자르듯 잘라내고 흔적도 없이 철거한 반면에, 성균관·향교는 저들이 고사시킨 그대로 내버려 둔 채 그 자리에 그저 있을 뿐이다. 일제의 만행을 우리는 승인하고 있는 셈이다. 한성부 사학四學의 경우는 무엇을 하다 결국 망실되어 버렸는지는 고사하고 어디에 있었는지조차 제대로 모른다.

서울의 성균관·사학과 각 지방의 향교를 되살릴 길은 없을까? 사학·향교는 관두고라도 성균관이나마 실질적인 학문 연마의 공간으로 만들 수는 없을까? 현재 성균관에는 제향공간인 대성전과 강학공간인 명륜당, 기숙·공부의 공간인 동재·서재가 보존되어 있다. 이 동재·서재에 전공을 불문하고 국내의 석학들이 모여 기숙하며 학문을 연마하고 명륜당에서 서로의 학문적 성과를 소개·교류하는(요새 흔히들 말하는 융합도 이런 계기를 통해서 조성되어 갈수 있는 것이다) 실질적인 학문의 전당으로서 태학(성균관)의 면모를 갖출 수 있어야만, 천여 년 동안 고려·조선조를 이어 이 땅에 살았던 조상에 대해 일제로부터 해방되었다고 말할 면목을 우리는 갖출 수 있다.

後辭(후사)[28]

(28) 저자가 임의로 붙인 이름이다.

우십육조 사제자붕우 상여권면계욱 권권복응 제생여유 존
右十六條 師第子朋友 相與勸勉戒勖 拳拳服膺 諸生如有 存

심칙궁 일준모범 학문장취 표표가칭자 칙회의시순우중
心飭躬·一遵模範·學問將就·表表可稱者 則會議時詢于衆

득첨가칙서우선적 기중우탁이자 구기실상 정단자우사장
得僉可則書于善籍 其中尤卓異者 具其實狀 呈單子于師長

이시권장 여혹제생 불준학규 향학불독황희도일 지신불근
以示勸奬 如或諸生 不遵學規 向學不篤荒嬉度日 持身不謹

방심불수 행지불장언어부실 사친부진기성 형제불능우애
放心不收 行止不莊言語不實 事親不盡其誠 兄弟不能友愛

가법잡난무장 불경사장 모만치덕경멸예법 소박정처닐애
家法雜亂無章 不敬師長 侮慢齒德輕蔑禮法 疏薄正妻昵愛

음창 망희간알불고염치 망교비인굴신하류 기주방탕침후
淫倡 忘喜干謁不顧廉恥 忘交非人屈身下流 嗜酒放蕩沈酗

위악 호상쟁송가이불이 경영재리불휼인원 기현질재무훼
爲樂 好尙爭訟可已不已 經營財利不恤人怨 忌賢嫉才誣毁

양선 종족불목인리불화 사사불엄태홀신명 불특일가제사
良善 宗族不睦鄰里不和 祀事不嚴怠忽神明〈不特一家祭祀

여학궁지제 탁고불참 시태홀신명 예속불성환난불구 여외
如學宮之祭 託故不參 是怠忽神明〉禮俗不成患難不救 如外

방칙 불근조부 기저읍주 여차과실 붕우수소문견 각상규경
方則 不謹租賦 譏詆邑主 如此過失 朋友隨所聞見 各相規警

불전칙고장의유사 어중회현책지 약유불전 강변불복 칙경
不悛則告掌議有司 於衆會顯責之 若猶不悛 强辨不服 則輕

칙출좌 중칙고우사장출재 출재자 불득래학 개과후환래
則黜座 重則告于師長黜齋〈黜齋者 不得來學 改過後還來〉

서우악적 지출재자 서우악적 출재지후 혁심개과 현유향
書于惡籍〈只黜齋者 書于惡籍〉黜齋之後 革心改過 顯有向

선지적 칙환허입재이효기적 환입재시 만좌면책 약종불
善之迹 則還許入齋而爻其籍〈還入齋時 滿座面責〉若終不

회과 장악익심 반원책기자 칙고우사장 삭기명적 인통문우
悔過 長惡益甚 反怨責己者 則告于師長 削其名籍 因通文于

중외학당 삭적지인 약자원자애 현유향선지적 과삼년이익
中外學堂〈削籍之人 若自怨自艾 顯有向善之迹 過三年而益

독 칙환허입학 범과실지적 필자입법후시록 약법전지악
篤 則還許入學〉凡過失之籍 必自立法後始錄 若法前之惡

개물추론 허기자신 잉구불개 연후내론벌
皆勿追論 許其自新 仍舊不改 然後乃論罰

위의 16조목은 스승과 제자, 벗들 사이에 서로 권면하고 계훈으로 삼기에 힘써서 정성으로 마음에 품고 있어야 한다. 유생들 중에 마음을 지키고 몸을 단속하여 모범을 한결같이 준수하고 학문적 성취가 나날이 발전하여 두드러지게 칭찬할만한 자가 있을 것 같으면 회의할 때 모두에게 물어서 승낙을 얻어 선적善籍에 기입한다. 그 중에 더욱 남달리 뛰어난 자가 있으면 그 실상을 갖추어 사장에게 단자單子를 올려 권장의 뜻을 보인다. 만일 유생 중에 학규를 준수하지 않거나, 배우려는 의욕이 독실치 못하여 헛되이 놀며 날을 보내거나, 몸가짐을 삼가지 않고 놓친 마음을 되찾지 못하거나, 행동거지가 장중하지 못하고 언어가 진실하지 않거나, 부모를 섬기는 데 정성을 다하지 않거나, 형제간에 우애롭지 못하거나, 가정의 법도가 난잡하여 질서가 없거나, 스승에게 불경스럽거나, 나이 많고 덕이 있는 사람을 업신여기고 거만하게 굴며 예법을 가벼이 여겨 멸시하거나, 정처를 소박하고 음란한 창기娼妓에 빠져 사랑하거나, 부질없이 권세가 있는 사람을 찾아다니기 좋아하여 염치를 돌아보지 않거나, 함부로 사람답지 않은 사람을 사귀며 하류에게 굽실대거나, 술을 즐겨 생활이 방탕하고 주정에 빠지기를 낙으로 삼거나, 소송으로 다투기를 좋아하여 그만둘 만한 일도 그만두지 않거나, 재물과 이익을 추구하는 데만 골몰하여 남의 원망을 생각하지 않거나, 어질고 재능 있는 이를 시기하고 선량한 이를 헐뜯거나, 일가친척과 화목하지 않고 이웃과 불화하거나, 제사에 근엄하지 않고 신명神明에게 태만하거나〈일가의 제사뿐 아니라, 학궁의 제사에 핑계대고 참가하지 않는 것도 신명에게 태만한 것이다〉, 예속을 이루지 않고 환난에 돕지 않거나, 지방에 있어서는 조부租賦(세금)에 성의를 다하지 않거나, 고을 수령을 헐뜯는 등등의 잘못은 벗들이 보고 듣는 대로 서로 바로잡도록 경고하되, 고치지 않을 때에는 장의掌議·유사有司에게 고하여 모임에서 드러내어 꾸짖는다.

만약 그래도 고치지 않은 채 굳이 변명하고 복종하지 않을 때는, 작은 허물이면 출좌黜座하고 큰 허물이면 사장師長에게 고하여 출재黜齋시키고〈출재란 학궁에 올 수 없게 하는 것이며 허물을 고친 뒤에야 돌아올 수 있다〉 악적惡籍에 기입한다〈출재된 자만 악적에 기입한다〉. 출재된 뒤에 마음을 바꾸고 허물을 고쳐서 뚜렷이 선을 지향하는 자취가 있으면 다시 학재에 들어오기를 허가하고 악적에 적은 이름을 지운다〈다시 입재할 때에는 모두 모인 자리에서 면책한다〉. 만일 끝내 과오를 뉘우치지 않고 나쁜 버릇만 더욱 키워 자기를 꾸짖는 이를 도리어 원망하면 사장에게 고하여 그 이름을 학적부에서 삭제하고 이어 서울과 지방의 학당에 통고한다〈학적부에서 삭제된 자가 만일 자신을 원망하고 꾸짖어 선을 지향하는 자취가 뚜렷이 나타나 3년이 지나도록 독실하거든 도로 입학을 허용한다〉. 무릇 과실을 적는 장부에는 반드시 법규를 세운 뒤에 기록하고, 만약 법규를 세우기 전의 잘못이라면 소급하여 논하지 않으며, 스스로 새로워질 길을 열어 주었는데도 여전히 고치지 않은 뒤에야 처벌을 논한다.

「학교모범」은 선악적善惡籍 얘기로 마무리되고 있다. 일반적으로 요즘 사람들은 선악적이란 명칭을 들어본 적이 거의 없을 것이다. 그러나 우리 선조들에겐 지극히 익숙한 것이었다. 선악적의 시행과 그 취지를 담은 기록은 이미 조선초에 나타나고 있다. 1443년 『세종실록』 기사를 보자.

> 성균주부成均主簿 송을개宋乙開가 상언하기를, "… 1. 서울과 지방에 있는 학교는 모두 인재를 배양하는 장소입니다. … 신은 각 고을 학교에 학령學令을 밝게 세우고 선부善簿와 벌부罰簿를 마련할 것을 바라옵니다. 무릇 여러 생도 중에서 경서에 밝고 행실을 닦아, 효성스럽고 우애하고 친척 간에 화목하고 남을 도와주는 행실이 항곡鄕曲에 소문이 나서 풍속교화의 기틀이 될 만한 자가 있으면, 교관이 수령과 더불어 그 실적에 함께 서명해서 선부에 기록할 것입니다. 경학에는 힘쓰지 않으며 오로지

터무니없고 망령된 것만 일삼고, 불효·불목 등의 행동이 향리에 소문이 퍼져서 풍화를 해치는 자가 있으면 벌부에 기록할 것입니다. 그 밖에도 한 고을에 흩어져 살고 있는 한량들의 자제와 모든 문·무 한관의 소행이 선하고 악한 것 역시 이 예에 의해서 두 장부에 각각 기록할 것입니다. 매해 연말이 되면 관찰사에게 보고하여 이조와 예조에 전보轉報하게 합니다. 이조에서 제수할 때나 예조에서 공거貢擧할 때에 함께 상고하여 추천하거나 내치게 할 것입니다. 수령이나 교관이 사실대로 기록하지 않은 경우에는 법을 세워서 죄를 엄중히 다스릴 것입니다. 만일에 강상綱常을 무너뜨리고 풍속을 어지럽히며, 습관과 성품이 완악하여 행동을 고치지 않는 자가 있다면, 비록 재주와 학문이 볼 만하더라도 학교에서 내쫓아 군역에 충정할 것이며, 문·무·잡과 모두 응시하지 못하게 할 것입니다. … " 하니, 의정부로 하여금 의논하게 하였다. 의논하기를, … 선행과 악행에 대한 장부를 둔다는 조는 시골뿐만이 아니라 서울의 성균관과 오부五部에 여러 유생의 소행이 선하고 악한 것도 모두 장부에 치부하여 예조에 전보傳報하게 하며, 각각을 기록할 때에 만일에 사정私情을 써서 공정하지 못한 일이 있을 때에는, 그 담당 관리를 모두 율문에 의거해서 죄를 매기게 하고, 또한 학교에서 행해야 할 학령學令을 예조로 하여금 성균관과 더불어 마련해서 계문하도록 하는 게 어떻겠습니까" 하니, 그대로 따랐다.[모]

각 학교의 유생은 물론 문·무 한관[29]의 소행을 선악적에 기록하여 두었다가 과거응시 가능 여부를 판별하거나[30] 천거자를 고를

29) 임기가 만료되었으나 추가 발령이 나지 않아 집에서 쉬고 있는 전직 관원.

30) 이와 관련된 더 상세한 논의는 〈부록2〉 제11조(응거)에 관한 보론 「시험의 사회적 기능 및 과거제도의 의의」 참조.

때 활용하도록 한 것이다. 이는 송을개가 건의한 그대로 시행되었는데,[보)] 향촌의 서당에서도 준행되었다. 1562년 작성된 박승(朴承(1520-1577)의 「구고서숙입약절목九皐書塾立約節目」을 살펴보면 그 사실을 알 수 있다. 이 절목에서 선악적 관련 규정을 제시하면 다음과 같다.

- 서숙[31]에서 권과勸課를 규찰하는 일은, 자제 중에서 나이가 많고 돈후敦厚하며 두루 믿음직한 사람을 뽑아 절목을 거행하는 것을 주관하게 한다. 두 개의 책자를 두고, 선한 사람은 선적善籍에 적고 착하지 않은 사람은 불선적不善籍에 적는다. 매월 초하루 숙장塾長이 한 달 동안 수업한 것을 강講하고 강을 마치면 상벌을 시행한다.
- 사람이 집 밖으로 나가서는, 예와 의를 지키고 글과 배움을 숭상하는 것을 우선해야 한다. 만약 어수선히 산만하고 근면하지 않아, 예와 의를 어기고 글과 배움에 게으른 자가 있으면 불선적에 적는데, 행실을 고친 뒤에야 지운다. 그 행실이 더욱 심해져서 부모를 따르지 않거나 형제간에 우애가 없거나 … 정처를 내버린 사람은 서숙에서는 숙 밖으로 내쫓고 마을에서는 마을 밖으로 쫓아내며 더불어서 수합하여 수령에게 보고한다.
- 효제孝悌는 백행의 근원이니 우선적으로 장려함이 마땅하다. 효행이 독실하며 기꺼이 공경하는 사람은 선적에 적는다. 집이 가난한데도 진실된 마음을 기르며 … 남달리 특별하게 두드러지는 사람은 따로 초록해두었다가 매년 말 서숙에서 리里로, 리에서는 방坊으로 모아 수령에게 보고한다.[소)]

---

31) 흔히 서당이라고 불리는 소규모 배움터를 서숙書塾·리숙里塾·리재里齋·향숙鄕塾·촌숙村塾·숙사塾舍 등으로 지칭하였다.

흥미로운 사실은 선악적에 기재되는 대상이 학교 울타리 안의 생활에 국한되어 있지 않으며, 선악적을 작성하는 주체가 유생들 자신이라는 것이다. 유생들이 한 달씩 번갈아 가며 선악적을 작성하는 소임을 맡는다(한 달마다 교체되므로 이 직책을 직월直月이라고 했다. 날마다 교체되는 경우는 직일直日이라 한다). 정기적으로 선악적 작성 담당자를 교체하는 이유는 선악적 작성자 자신도 선악적에 기재될 처지로 바뀔 수 있어야 공정한 기록을 담보할 수 있기 때문이다.

조선의 학교에서 유생들의 행실에 문제가 있을 때, 벗 사이의 경고, 전체 모임에서 질책, 출좌 또는 출재 등의 단계를 거쳐 바로잡도록 계도하였으며, 출재의 경우에 한해서 악적에 기재되었다. 악적에 기재하는 것은 악적에 기재된 인원이 그런 행실의 소유자임을 밝혀 영원히 남겨 놓고자 하는 게 아니라 결국은 개과천선하여 악적에서 삭제되기를 기도하는 것이었다. 그러나 악적에 기재되었는데도 끝내 뉘우치지 않고 행실이 더 나빠지면 아예 학적에서 삭제하고 전국의 학당에 통고하였다. 이렇게 되면, 앞서 『세종실록』 기사에서 보았듯이, 해당 유생은 복적되지 않는 한 종신토록 과거에 응시할 수 없게 된다.

「학교모범」에 첨부된 「학교사목」에도 역시 과거응시와 학적의 보유 및 선악적과의 관련성을 담은 규정이 들어 있다.

> 1. 생원·진사를 제외하고 서울의 학문에 뜻을 둔 선비는 모두 하재下齋 또는 사학四學에 들어가게 하고, 지방에서는 사족이건 문벌 없는 집안이건 불문하고 유학을 배우려는 자는 모두 향교에 들어가게 한다. … 구속되는 것을 싫어하여 학

교에 적을 두지 않는 자는 과거를 보지 못하도록 한다.

1. … 번이 되어도 학교에 나오지 않는 자는 첫 번째는 대면하여 꾸짖고, 두 번째는 손도損徒하고, 세 번째는 출재黜齋하고(출재란 스승에게 고하여 취학하지 못하게 하는 것이다. 허물을 고쳐서 스스로 새로워진 뒤에는 다시 입학을 허가하되, 손도와 출재자가 다시 참석할 때에는 반드시 모두 모인 자리에서 꾸짖는다), 네 번째는 학적을 삭제한다(학적이 삭제된 자는 군역으로 돌린다. 허물을 고쳐서 스스로 새로워졌더라도 반드시 초시初試에 합격한 뒤에야 다시 입학시킨다).

…

1. 대과·소과 과거를 치를 때마다 태학에서는 과거 기일 전에 성균관 당상관이 성균관 관리와 당장堂長·장의掌議·유사有司(성균관 유생 임원)를 명륜당에 모아 상재上齋·하재下齋의 명부와 선적善籍·악적惡籍을 모두 가져다가 놓고 평일에 보고들은 것을 참작하여 행동에 오점이 없는 자를 가려 비로소 과거를 보게 한다. 사학四學에서는 학관들이 각각 해당 학교에 모여서, 당장·유사와 의논하여 뽑기를 위의 예와 같이 하며, 지방에서는 수령이 교관 및 향교의 당장·장의·유사와 함께 위의 예와 같이 의논하여 가려 뽑는다. 그리고 시골에 있는 생원·진사로서 행실에 하자가 있어 과거에 응시하기에 적합하지 않는 자는 수령이 한 고을의 공론을 채택하여 관찰사에게 보고해서 성균관에 통첩케 한다. 만일 학문에 뜻이 있는 선비 중 군적에 이름이 편입된 자로서 과거 보기를 원하는 자가 있으면, 서울에서는 성균관의 관원이 지방에서는 수령이 그 진위眞僞를 잘 살펴 그 실상이 확인되면 과거보기를 허가한다.[오]

즉, 학교에 적을 두고 있다고 하더라도, 심지어는 생원·진사라도 해도 행실에 문제가 있는 자는 과거에 응시할 수 없도록 정해 놓았다. 이는 행실에 문제가 있다면 "비록 재주와 학문이 볼 만하더라도 학교에서 내쫓아 군역에 충정할 것이며, 문·무·잡과 모두 응시하지 못하게 할 것"이라는 세종조의 조치를 그대로 반영하고 있다.

더욱 중요한 사실은 한 번 학적에서 삭제되면 영원히 학교에 적을 둘 수 없는 게 아니라 삭적된 뒤에도 개과천선한다면 복적할 수 있는 길을 열어 놓고 있었다는 점이다. 이런 사실과 조선시대에 문제행동을 일삼는 유생들에 대한 다음과 같은 처벌의 대원칙은 요즈음의 학교현장에서 곰곰이 새겨 볼 만한 것이다. "스스로 새로워질 길을 열어 주었는데도 여전히 고치지 않은 뒤에야 처벌을 논한다." "최악의 처벌로 학적을 잃었더라도 다시 돌아올 길이 있다."

이후 제정 또는 재천명된 관련 규정을 종합하여 과거응시와 학업수행 간의 관계를 정리하면 다음과 같다.[32]

생원·진사 이외에 공부하는 유생은 모두 학교에 적을 두고 있어야 한다(학교사목). 경향 각 학교의 재적자 명부를 각 학교, 각 군현 관아, 태학에 보관하며, 매년 신입생이 생기면(『소학』을 고강하여 조粗 이상 성적을 거둬야 입학한다) 계통을 따라 보고하여 각 기관에 보관하고 있는 책자 말미에 첨록添錄한다.[조] 각 학교에 재적하고 있는 유생은 평소 학교에서 시행하는 강회에 성실히 참석

32) 김경용(2010). 조선중기 과거제도 정비과정과 그 교육적 의의. 『교육사학연구』 제20집 제1호, pp.12-14, 참조.

해야 하며 사유 없이 불참을 거듭하거나 낙제를 반복하면 제적·정거停擧된다.[초] 단, 일정 연령 이상자는 강안講案[33] 입록入錄 여부와 관계없이 과거응시자명단(부거유생도목赴擧儒生都目)에 들 수 있었는데 그 나이는 시기별로 차이가 있다. 『과시등록』의 1647년 6월 28일 기사에는 40세 이하의 양반자제·범민에게 각각 별도의 기준을 적용하여 이를 통과한 자를 모두 교적校籍에 들이도록 건의하고 있고,[코] 1736년 9월 19일 남원현에서 각방교장처各坊敎長處에 내린 첩문帖文에는, "강안에 의거하여 감시監試의 부거도목을 작성하되 40세 이상이면 강안에 입록 여부와 무관하게 감시에 나아갈 수 있도록" 하고 있었는데,[토] 1887년에 마련된 규정에 의하면 그 나이가 30세로 하향 조정되어 있다(不叅學案者 不許擧〈叅榜則拔去三十以上則勿論〉).[포]

중앙의 사학에서는 예조(성균관)에, 지방의 각 관官에서는 감영에 과거응시자 명단을 보고해야 한다. 향교에서 과거나 백일장 설행시에 부거유생도목을 올렸다는 사실은 전라도 화순향교 사료에서,[호] 각 지방관청에서 도 감영에 부거유생도목을 올렸다는 사실은 강원감영에 올린 원주의 첩보와 철원의 서목에서 각각 확인할 수 있으며,[구] 부거도목에 오른 인원 이외에는 과거에 응시할 수 없게 했다는 실제 조치도 확인 된다.[누]

조선 후기에는 각 관官이 향교는 물론 서원으로부터도 모두 취합하여 감영으로 과거응시자 명단을 보고했다.[34] 면단위에서부터

33) 유생의 이름 아래 강경한 경전의 명칭과 성적(통通·략略·조粗·불不)을 적어 놓은 것으로서 말미에 수령을 포함한 작성자의 수결이 있다.

취합하여 군·현을 거쳐 차차 감영에 보고하도록 했으며, 평소 강학활동에 소홀히 하거나 행실이 바르지 못하여 강안에 등재되지 않은 자는 과거응시자 명단에 들 수 없도록 하였다.[두] 이러한 기조는 과거제도가 폐지될 때까지 유지되었다. 1893년 5월 20일 경상감영에서 동래부에 내린 감결, 경상감영의 감결에 의거하여 고성부에서 관할 지역에 내린 「강학절목조규(1893.5.22)」 및 합천 용연서원에서 이사리伊沙里 각댁各宅에 내린 통문 등에도 "이번 가을 감시 부거도목은 강안에 의거하여 작성하며 여기에 이름이 없는 자는 과거응시자격을 정지한다"(今秋監試時 赴擧都目 考準於講案 漏名者斷當停擧事)고 되어 있다.[35]

조선시대의 선악적과 강안 등은 현재 고교내신성적을 대학입학사정자료로 활용하는 것(이하 '고교내신제도'로 약칭)에 대해 중요한 시사점을 준다. 각각을 비교하여 간략히 표로 제시하면 다음과 같다.

---

34) 김경용(2006). 용산서원의 거접활동 기록과 그 의미. 『교육사학연구』 제16집, pp.18-19, 참조.

35) 「公文目錄(東萊)」 第三册 1893.5.22. 기사; 『경상도고성부총쇄록』 1893.5.22. 기사; 「(용연서원)통문」 1893.5.22(『고문서집성29』, p.891). 이들 기사는 조선조의 마지막 과거, 즉 1894년 시행된 갑오식년시와 관계된 것들이다.

구분	선악적	강안	고교내신성적
작성자	유생	수령·사장師長	교사
내용	성적과 행실	성적	각 과목 등급
주안점	성실성·도덕성 탁월성	성실성·탁월성	탁월성
평가방식	절대평가	절대평가	상대평가
수정가능성	가능	불가능	불가능
활용	과거응시 가능 여부만 결정. 당락에 영향을 미치지 않음		대학입학전형에 반영하여 당락에 영향을 미침. 대학입시 참여가능 여부를 판별하는 기록 없음.

가장 중요한 차이점은 선악적과 강안이 행실과 도덕성에 하자가 있는 자를 가려내어 과거에 나아갈 수 없도록 하는 데 사용되었을 뿐 합격 여부에 영향을 미치지 않았던 반면에, 고교내신제도는 대학입시에 참여할 만한 인물인지 가리는 요소가 없는 한편 내신성적이 대학입학사정자료로 활용되어 합격 여부에 영향을 미친다는 것이다.

고교 3년간의 교과성적을 통산하여 대학입학사정자료로 활용한다는 것은 일견 합리적인 듯 보이지만, 이는 수험생의 입장에서 매우 부당하고 불합리한 처사이다. 수험생의 입장에서 대학입학 당시의 실력을 온전히 평가받지 못할 수 있다는 게 가장 큰 문제이다. 각 고등학교의 내신성적이 동등한 의미를 갖는다고 보기 힘들다는 점 이외에도, 고교생이 1·2·3학년을 지내는 동안에 실력이 신장되었다면 신장된 그 실력만을 근거로 학력이 평가되어야 마땅한데도 이미 극복한 저조했던 성적이 합산된다는 것은 정당하다고 볼 수 없다. 고교내신성적은 학생 자신과 학부모 및 교사한테 현재 학업 상황이나 대학입학 준비를 해 나아가는 데 중요한 참고사항이나 지침이 된다는 점 그것만으로도 충분한 가치와 의의를 갖는다. 대학입학 여부는 대학의 문턱에 선 그때의 실력만으로 가려져야 한다.

따라서, 고교내신성적을 대학입학 전형에 의무적으로 반영하게 되어 있는 한편, 온갖 특별전형(입학사정관제나 수시모집을 포함)이 난무하는 현행 대학입시제도를 당장 그만두고, 「국가고시+대학별고사」 체제로 단순화해야 한다.

첫째, 고교내신제도의 시행 배경이 극단적으로 반교육적이었다. 대학입학 전형에 고교내신성적을 의무적으로 반영하도록 강제한 것은 박정희대통령 피격사건으로 인해 전두환 등 신군부가 저지른 12.12 군사반란사태 이후 1980년 5월 성립한 국가보위비상대책위원회(국보위)에 의해 전격적으로 단행된 이른바 「7.30조치」였다. 이전에도 몇 몇 대학에서 고교내신성적을 입학전형에 반영한 경우가 있었지만 일부 국립대학에 국한된 일이었을 뿐이다. 이 제도에 대한 회의가 강력하게 제기되고 있던 차에 국보위의 강압적인 조치로 모든 대학에서 고교내신성적을 입학사정에 일정비율 반영해야만 했다. 고교내신제도의 도입 이유는 과외금지조치와 표리를 이루는 것으로서 고교교육의 정상화에 있었다. 고교내신제도로 고교교육을 정상화시키겠다는 목적은 전혀 이루어지지 않았다. 오히려 친구들 사이에 책선責善·선시先施를 가로막을 가능성을 높이는 요인일 뿐이다.

둘째, 고교내신제도는 고등학교를 거쳐 가는 대부분의 학생들을 3년 내내 시달리게 할 뿐만 아니라 졸업 이후에도 괴롭히는 악질적인 것이다. 마치 범죄자의 전과기록과도 같다. 지금 우리의 학생들을 괴롭히는 것은 수능시험이 아니다. 3년 내내 내신반영시험과 비반영시험의 사이를 오가며 신경써야 할 시험, 무시해도 좋은 시험의 저울질을 지속적으로 해야 한다. 그렇게 고생해 봐도, 한 학년이 지나면 그 동안 네 차례에 걸쳐(1·2학기 중간·기말고사) 자신에게 찍혀 버린 낙인을 지울 길이 없고, 고등학교를 졸업하면 고교시절에 박혀버린 문신과도 같은 내신성적을 다시는 변경시킬 수 없다. 고교 3학년이 되어서 어떤 계기로든 문득 마음을 가다듬고 새출발하자고 다짐해 봐도 그 각오는 1·2학년 내신성적이 주는 심리적 위협으로 꺾여버리기 쉽다.

셋째, 내신성적(등급)을 산출하기 위한 시험은 쉽게 출제된다. 이렇게 되면 실력이 문제가 아니라 실수를 아니 하는 것이 관건이 된다. 학생들의 학력을 제고시킬 유일한 길은 수능시험이 제 기능을 발휘하는 것뿐이다. 그러나 쉬운 시험에 길들여진 학생들을 덜 고생시키자고 수능시험의 난이도도 갈수록 낮추고 있다. 결국, 고교내신제도도 수능시험도 적정한 선발기제로서의 의미를 이미 상실했다. 이 문제를 바로잡을 수 있는 길은 수시모집이니 입학사정관제도니 하는 헤아리기 힘들 만큼 갖가지의 특별전형을 마련하는 데 있는 게 아니라, 고교내신제도를 없애고 수능시험이든 대학본고사든 선발의 의미를 제대로 갖춘 수준의 시험을 엄정하게 실시하는 것이다.

넷째, 고교내신제도를 고집하는 한에서는 다양한 실험적 중등교육기관의 설립을 도모할 수 없다. 비록 참신한 실험적 중등교육기관을 설립·운영하게 되었다고 해도, 내신성적을 인정할 수 있는 학교냐 아니냐의 갈림길에서 그 참신성은 탈색될 수밖에 없다.

고등교육을 받기 원하는 응시자들이 스스로의 기본적 자질을 점검할 수 있는 국가고시를 1차로 시행하고 그 다음에 각 대학이 자율적으로 정한 기준에 따라서 대학별 본고사를 실시하는 것이 가장 바람직하다고 생각한다. 이 두 시험의 점수 이외에는 어떤 것도 대학입시의 합격 여부에 관여되지 말아야 한다. 각각에 대한 반영비율도 물론 대학자율이다. 극단적으로 대학별 본고사 점수만으로 입학사정을 할 수 있고, 국가고시 성적만으로 사정할 수도 있다. 각 대학의 단과대학별로 또는 학과별로 기준을 달리하는지의 여부도 또한 자율이다. 이런 식의 입시제도를 주장하는 이유는, 누구에게든 새로운 도전의 가능성을 언제나 열어두고 독려해야 한다는 것 때문이다.

마무리 글

“야! 나도 저런 곳에서 한 번 살아보고 싶다!”는 사회는 어떤 사회일까? ‘사이’ 좋게(good) 잘(well) 지내는 사람들, 좋은 것을 보이고 들려 줄 사람들, 좋은 것을 잘 보고 들어(見聞), 보고 들은 그대로 행하는 사람들이 사는 사회가 바로 그런 곳이 아닐까 한다. 이는 성실하고 겸손하게 사는 사람들이 가득한 효제孝悌의 사회이다.

여기서 ‘사이’는 사람 사이(人間), 세대간, 집단간, 국가간, 인종간, 종교간, 만물간 등 모든 ‘사이’를 통틀어 말한 것이다. 모두가 만세태평! 이 과제를 한 마디로 말한다면, 다음과 같이 표현할 수 있다.

“우리 모두가 깨끗한 몸을 온전히 후손에게 물려주자!”

깨끗한 몸, 성誠한 몸을 유지하고[36] 그것을 온전히 후손에게 물려주기 위해서는 수신·신독을 바탕으로 하는 성실한 나의 생활이 지속되어야 한다. 이는 하루아침에 이룰 수 없는 지난한 과제이다. 이것이 곧 교육이다!

본本이 있는 가정, 본받을 만한 것을 본받을 것으로 볼 줄 아는 사람들, 그 본을 따는 사람들의 사회, 성실하고 겸손한 삶을 전제로 했을 때 비로소 가능해지는 ‘본을 보이고 본을 따는 것’이 또다

---

36) 우리가 편지에 흔히 쓰는 “저는 몸 성히 잘 있습니다.” 또는 “그간 몸 성히 잘 있었느냐?”는 문구의 ‘성’은 분명히 『중용』의 구절에 나타나 있는 “誠者 天之道也 誠之者 人之道也”(성誠 그 자체는 하늘의 도道요, 성誠하려고 하는 것은 사람의 도道이다)의 ‘성誠’이다.

른 사람에게 느낌을 불러일으키고(感) 그들을 움직이는(動) 감동의 사회! 이것이 곧 배움터로서의 사회이다.

우리는 살아가면서 "너는 누구냐, 뭐냐?"는 물음에 대답해야 할 계기가 반드시 주어진다. 이 물음에 대해 나는 나를 어떻게 말할 수 있는가? "나는 나다!" 이렇게 대답할 수 있는가? A는 A라고? 이렇게 대답한다면 나는 나를 설명한 게 하나도 없는 셈이다. 나로써만은 결코 나를 말할 수 없다. 나를 설명하는 것은 내가 가지고 있는 무한한 관계의 망을 말함으로써만 가능하다. 이 관계의 망은 나의 감수성의 정도에 따라서 그 범위가 달라진다. 나는 궁극적으로 내가 만들어 가는 것이지만, 나의 감수성 안에 들어오는 관계의 망이 전제되어야만 내가 나를 만들어 가는 게 비로소 가능해진다. 나는 관계의 소산이자 관계의 생산자이다. 그 출발점은 우리 집(家)에 있다.

어지럽게 바삐 돌아가는 첨단의 새 것들, 내 몸에 익히 체득해 놓은 전통의 묵은 것들, 이런 것들도 가家의 정성스런 존속 아래서만 회통會通이 가능하다. 왜 그런가? 부모-자식 간에, 성장세대와 기성세대 간에, 구세대와 신세대 간에, 첨단을 부르짖는 것과 전통을 고수하고 싶은 것 사이에 입장을 바꿔 볼 수 있기 때문이다. '신:구'의 충돌을 화해시킬 수 있는 유일한 곳이기 때문이다. 우리는 대부분 아래 그림에서 (가) 선상에 위치하게 된다는 사실을 헤아려 보면, 입장을 바꿔 볼 수 있다는 점을 이해할 수 있을 것이다. 우리는 대개 부모이자 자식이라는 상반된 입장을 한 몸에 갖게 되기 마련이다. 관념적으로 미루어 짐작하는 게 아니라 실제로 입장을 바꿔 볼 수 있는 시공간이 바로 우리 집이다.

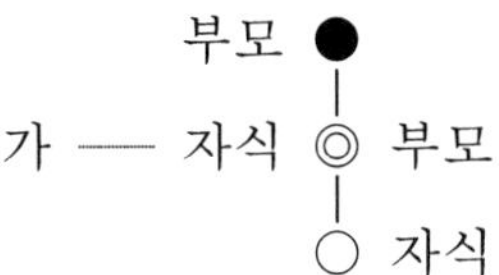

우연한 만남, 예기치 않은 기회로부터 배울 수 있는 상황의 마련이란 쉬운 일이 아니다. 우리의 아이들을 어떻게 키워야 할 것인가 하는 문제는 학교교육, 교실학습을 잘 할 수 있도록 효과적으로 도와주는 것만으로는 절대로 해결되지 않는다. 우리의 아이들을 어떻게 키울 것인가 하는 문제는 결국 '나는 어떻게 살아야 할 것인가' 하는 과제와 맞닿아 있다. 내가 성실하게 잘 살지 못하면 우리 아이들은 절대로 겸손하게 배우지 않는다.

아직 혼인을 하지 않은 선남선녀들께 얘기하고 싶다. 내가 지금 하루하루를 성실하게 잘 살아야만 미래에 건강하고 바르고 똘똘하고 착한 자식과 만나는 아비·어미가 될 수 있다. 그러기 위해 오늘을 부지런히 잘 살려고 노력하고 있다면 우리는 다음과 같이 말할 수 있다.

"미래에 만나게 될 아직 잘 모르는 내 자식이 오늘의 나를 가르치는 셈이다!"

부록

〈부록1〉 제1조(입지)에 대한 보론

지구촌과 내 가정과 나의 문제로 가로 놓인 환경생태의 위기와 교육

〈부록2〉 제11조(응거)에 관한 보론

시험의 사회적 기능과 과거제도의 의의

〈부록3〉 제15조(거학)에 대한 보론

교학상장教學相長, 교사의 멋과 맛!

〈부록4〉 제15조(거학)에 대한 참고자료

복천향교 학령

<부록1> 제1조(입지)에 대한 보론

지구촌과 내 가정과 나의 문제로 가로 놓인 환경생태의 위기와 교육

1. 우주선 지구호는 침몰할 것인가?

환경생태의 위기라는 문제는 이념적 대립이나 빈부격차 또는 인종갈등의 문제 등과는 전혀 다르게, 남·녀·노·소, 조상·후손, 계급, 민족, 인종, 국가 등을 초월한, 어느 누구도 예외일 수 없이 모두에게 해당되는 전일적全一的인 문제이다. 20세기 인류문명의 야심찬 발걸음은 인간의 기본적인 욕망, 그 욕망의 충족상태, 인간의 행복 등에 대한 규정까지도 변질시켜버렸다. 마침내 인류의 생존욕구 자체가 오히려 인류의 생존을 치명적으로 위협하는 딜레마의 사태를 빚어 놓았고, 이런 관성은 21세기에 들어서도 여전히 변할 줄 모른다.

지금 지구는 과중한 스트레스를 제대로 해소시켜내지 못하고 있고 따라서 지속적으로 앓고 있으며 그 환우가 더 깊어만 가고 있다. 물론 이것은 인류의 입장에서 본 평가일 뿐 지구자체가 자기 스트레스를 털어내는 방법을 상실했다고만 볼 건 아니다. 지구의 스트레스 해소작용, 대자연의 자기정화작용은 여전히 가동되고 있으며, 이는 곧 인류문명의 몰락 나아가 인류의 멸절을 의미할 수도 있다.

2. 환경생태의 위기와 건강

환경생태 문제와 인간생존의 문제를 나의 구체적인 생활과 관련시켜 하나의 질문으로 제시한다면, 아주 단순하게 다음과 같이 말할 수 있다. "과연 나는 나의 의지로 내 자신과 내 가족의 건강을 추구할 수 있는 조건 속에서 살고 있는가?"

여기서 가족의 건강을 들먹거리는 이유는, 내 가족의 건강을 추구하려는 욕구, 나와 관계된 분신과도 같은 타자에게로 향해 있는 마음씀의 열의는 내가 발휘하고 싶은 어떤 욕구보다 더 강력한 것이기 때문이다. 내 가족이 아프면 내가 어떤 처지에 있든 괴롭고, 심지어 내 자신이 아플 때보다 더 괴롭다. 그런데 우리의 형편을 돌아보자. 나와 내 가족의 건강을 나의 의지로 추구하는 게 가능한 그런 조건 속에서 살고 있는가?

내 몸과 내 가정 그리고 이 사회의 건강을 추구한다는 것은 결코 만만한 과제가 아니다. 아니 지금의 상태로는 거의 불가능한 과제이다. 왜냐하면, 지금의 세상은 내가 마음만 먹는다고 해서 나와 내 가족의 건강을 추구할 수 있는 조건 아래 있지 않을 뿐만 아니라, 오히려 그런 추구를 교란시키거나 봉쇄해 버리기 딱 좋은 조건 속에 있기 때문이다. 건강을 추구하려는 나의 역량을 박탈해 버리고, 심지어는 건강하고 싶은 욕구마저도 왜곡시켜버리기 쉬운 그런 세태를 우리는 지속적으로 경험하고 있다. 욕구의 왜곡현상은 항상 본래의 욕구가 지향하는 바와 상반되는 결과를 초래한다는 게 문제다. 빠른 이동의 욕구가 자가용을 갖고 싶은 욕구로 변질된 나머지 더욱 더디 다니게 되었고, 안전의 욕구가 경찰력·군사력 강화의 욕구로 표출되었으나 결코 더 안전해지지는 않았고, 건강의 욕구가 의료혜택 강화의 욕구로 왜곡되어 나 스스로 건강을 돌볼 능력을 상실하고 오히려 건강이 더 위협받는 현실이 되어버린 것이다. 욕구의 왜곡현상을 부추기는 힘은 강력하다. "더 큰 냉장고, 더 큰 세탁기, 더 큰 텔레비전, 두 개의 화면 두 배의 만족, 초간편, 최첨단 기능, 강력한 힘, 탁월한 선택, 더 빠르게, 더 강하게, 더 편리하게, 시대를 앞서 가는, 고품격, 대한민국 1%, 선택된 당신! …"

3. 환경생태 문제에 있어서의 무지無知와 지식知識

인류가 무지해서 환경재난을 자초한 것이 아니다. 오늘날 생태계의 위기를 몰고 온 원인은 뭘 어떻게 해야 할지를 잘 몰랐던 탓이 아니라 오히려 확신에 찬 인간 이성의 힘, 철저하게 합리적이고 정확하다고 자신한 인간의 사고체계가 자연을 멸시할 수밖에 없는 상황으로 몰고 가 결국 사태를 이 지경으로 악화시켰다고 보는 것이 더 타당하다(참고: 조가경, 1989: 14-32). 인간의 편리추구가 자신의 생존마저 담보로 하고 있다는 사실을 알아내는 것은 그다지 어려운 고난도의 과제가 아니다. 지극히 평범한 사실을 모두가 알아챌 수 있는 그 쉬운 길을 가로 막고 있는 것은 무지가 아니라 오히려 잘 알고 있다는 오만함이다. 환경오염·파괴의 문제와 이로 인한 장래의 과제는 지식·과학·기술의 문제도 무지의 문제도 아니다. 똑똑하다는 천재들이 최적의 판단이라고 우겨댄 결과 최악의 사태를 빚어낼 가능성은 얼마든지 있다. 문제는 사람들이 어떻게 성장하느냐, 어떤 사회·문화적 기운氣運을 느끼고 겪으면서 어떠한 삶을 사느냐에 달린 것이다.

우리는 왜 생태계를 보존해야 하는가? "위험한 수준이다!", "인간은 물론 이 지구상의 모든 생명체들이 몰살당할 위기에 처해 있다!"는 주장은 무슨 근거로 정당화될 수 있는가? 환경생태계를 보존한다는 것은 내 몸 밖의 일이 아니다. "깨끗한 환경을 후손에게 물려줍시다!"라고 공익광고로 외치지만, 우리는 깨끗한 환경을 후손에게 물려주려 애쓰기 이전에 궁극적으로 온전한 몸을 물려주기 위해 땀흘려야 한다. 물을 담는 그릇이 더러우면 거기에 제아무리 청정수가 담겨도 구정물이 되듯이, 내 몸이 오염되어 있으면 깨끗한 환경이 무슨 소용인가? 천지天地의 무질서와 내 몸의 무질서는 그게 그거다! 인간의 몸이 파괴되고 있는 상황에서 문명의 진보는 허무한 것이며, 이는 곧 인간의 몸으로 이룬 문명의 파멸을 의미한다.

인류의 '몸의 파괴' 현상을 부르는 원인은 무엇으로 드러나 있는가? 예컨대 해수면 상승을 초래하여 지구상의 육지를 상당한 정도로 침수시킬 것이라고 경고하고 있는 '온실효과'와 그 온실효과를 유발시킨다는 이산화탄소 유출량의 증가, 그리고 이산화탄소 농도의 증가를 부르는 화석연료 소비량의 증가 등은 말끔하게 정리되어 정확한 인과연쇄를 이루고 있는가? 과연 지구촌 환경재난을 촉발시키는 초기조건(initial condition)은 무엇인가?

온실효과에 대한 경고에 맞서서 다른 견해를 제출하는 것은 얼마든지 가능할 것이고, 서로 나름대로의 타당성을 지닌 근거를 제시하고 우기는 지루한 공방전도 또한 가능하다. 사실, 지구온난화 현상에 대한 인과성의 문제를 놓고서 많은 논란이 빚어진 적이 있다.

이른바 '온실효과의 음모'(greenhouse effect conspiracy)가 그것이다(참고: 김명자, 1992).

1994년 미국석유협회(API)는 다음과 같이 주장한 바 있다.

> 온실효과의 인과성이 아직 과학적으로 확정되지 않았으며 지금까지 나타난 기후변화가 인간의 활동 때문이 아니라 다른 자연의 활동으로 인하여 일어났다는 설명이 더 그럴듯하다고 생각하는 과학자들도 있으며, 믿을 수 있는 과학적 근거가 밝혀질 때까지 구체적인 행동을 연기하는 것은 충분한 의미가 있고 또한 비생산적이고 비용이 많이 드는 단계를 피할 수 있게 할 것이다.

온실효과에 대한 세간의 인식에 불만을 토로하는 한편 경제제일주의의 입장을 굳건히 지키고자 했던 것이다. 이들은, "만약에 앞으로 50년 내에 비용이 적게 드는 획기적인 기술진보가 이루어진다면 세계는 오늘날 성급하고 값비싼 댓가를 치른 것에 대해 후회할 것"이라고 확신에 찬 예상과 경제적 환원가치에 대한 집착을 외쳤는가 하면, "불합리한 배출량 억제에 비용을 사용하도록 강요당한 선진국들은 개발도상국들의 재화와 서비스를 구입하기 위한 지출을 축소할 것이고, 이것은 또한 개발도상국들의 경제에 투자할 자금이 줄어드는 것을 의미한다"는 협박성 발언도 서슴지 않았다.

그러나 우리는 궁극적 원인, 내 몸의 파괴현상을 초래하는 제일원인(scientifically evident initial condition)을 밝혀 낼 수가 없다는 사실에 주목해야 한다. 마치 현대물리학에서 파동-입자의 이중

성(duality)을 설명해 내긴 했지만, 그 듀알리티가 왜 일어나는지는 모르는 것처럼 말이다.

지구촌 환경재난에 대해서, 또 우리가 먹는 모든 것(물과 공기까지 포함)의 위해성 여부에서 어느 정도를 "위험하다!"고 할 것인가? 중요한 사실은, 현존하는 위험이 심각한 게 아니라 미래에 나타날 위험과 재난이 심각하다는 사실이다(참고: Beck, U., 1992). 그 재난이 어떠한 양상으로 어떤 시기에 나타날지는 모르지만, 지금과 같은 인류문명의 관성체계가 고수되는 한, 필연적으로 도래할 수밖에 없는 예정된 파국이라는 것이다. 생명체가 방사능이나 중금속으로 오염되면 그 위해물질로 인해 유전인자(DNA) 변이가 나타나고 그 변이는 유전인자가 소멸될 때까지 유전된다는 사실만 짚어 보더라도 위험의 중심이 미래에 있다는 말을 쉽게 이해할 수 있다. 그래서 심각한 문제이고 그 허용기준치의 적정성 여부가 중요한 것이다. 그러나 그 적정성은 과학적 검증으로 확인되거나 성립하지 않는다. 이에 대한 척도는 어쨌든 간에 사회적으로 구성된다. 여기서 문제되는 것은 어떤 가치선택과 논리가 허용기준치의 사회적 구성을 주도하느냐는 것이다. 이것은 결코 무지와 지식의 양단간에 걸쳐 있는 문제가 아니며, 또한 패권경쟁을 염두에 둔 집단간 사회적 대결로 실마리를 풀어 갈 문제도 아니다.

4. 환경생태의 반응에 대한 민감성을 일상화시켜야

환경생태의 위기에 직면하여 인류가 벗어날 수 없는 필연적인 한계는, 체계 안에 있는 인간이 자기를 품고 있는 체계에 대해 내린 진단과 처방이 과연 옳은 것이고 정확한 것인지 그 여부를 확인할 수 없다는 것이다. 현재까지의 사태에 입각한 현세대의 진단과 처방과 시행이 미래의 세대들에게 어떤 영향을 미칠지, 그리고 미래의 세대들이 지금 우리의 행위를 어떻게 평가할 것인지도 알 수 없다. 또한 바람직한 삶에 대한 우리의 가치관이 미래세대에게도 적용될 수 있는지 그들의 선호와 가치관의 구조가 어떤 것일지 현재 우리로서는 무지의 장막 속에 있을 수밖에 없다. 즉 우리가 미래에 영향을 끼치게 될 가능성은 무한한 반면, 환경생태에 대한 우리의 간섭행위가 가져올 결과를 예측하는 데 있어서는 우리의 능력이 명백한 한계를 갖고 있다는 것이다(참고: 황경식, 1994: 183-184). 그러나 지금으로서도 분명히 알 수 있는 것이 하나 있다. 그것은 우리 몸의 오염현상에 따른 결과이다. 오염되고 흉물스럽도록 황폐해진 몸이 후손에게 어떤 영향을 줄 지, 또 그들이 우리들을 어떻게 평가할지는 너무도 뻔한 것이다. 유전인자 변이로 인해 기형적으로 뒤틀려버린 몸, 그 저주스러운 생명! 그것 하나만으로도 가치관 운운할 여유가 전혀 없는 참담한 사태가 그들에게 닥칠 것이라는 예상을 지금 이 지경에 이르러서도 하지 못한다면, 이 불길한 예감은 결국 정확한 현실로 도래할 것이다. 그리고 이런 사태는 인류문명사에 있어서 두 번 다시없을 최종적 사태일 것이다.

이처럼 “내 몸과 내 삶을 건강하게 유지할 수 있어야 한다”는 과제는, 미래가 어차피 미지의 세계이므로 그것을 모르는 우리는 조심할 수밖에 없다는(참고: 정병석, 1994) 어정쩡한 이유 때문에 제기되는 것이 아니라, 지극히 상식적이고도 정확한 사실에서부터 오는 것이다. 내 몸의 건강은 건강한 나의 삶에서 오고, 건강한 삶은 내 몸의 성실함으로부터 비롯되는 것이다. 이런 성실한 나의 삶은 나를 건강하게 할 뿐만 아니라, 나아가 집안의 어른으로서 본받고 싶은 대상이 되어 내 가족의 성실한 삶을 이끈다는 사실이 중요하다. 더 나아가 내가 사는 동네와 내 나라, 온누리를 가지런하게 할 수 있다. 온누리라는 거창한 주제가 나의 삶을 덮어씌우는 것이 아니라, 나와 내 가족의 성실한 삶이 온누리를 가지런하게 만들어 나아가는 것이다. 『중용』은 말한다. "작은 일에 지극한 것으로도 성誠할 수 있으며, 오직 천하에 지극한 성誠이라야 궁극적인 화化를 이룰 수 있다"고.

> 오로지 하늘 아래 더 이상 없는 지극한 성誠을 가진 사람만이 그 자신이 가지고 있는 본성을 온전히 발휘할 수 있다. 자기의 본성을 다 발휘할 수 있게 되면, 타인의 본성 또한 온전히 발휘할 수 있게 하고, 뭇사람의 본성을 온전히 발휘할 수 있게 하면 만물의 본성 또한 온전히 발휘할 수 있게 한다. 만물의 본성을 온전히 발휘할 수 있게 하면, 하늘과 땅의 변화와 양육을 도울 수 있고, 하늘과 땅의 변화와 양육을 도울 수 있으면 그러한 사람은 하늘과 땅과 더불어 삼위일체가 된다. 그 다음은 지극히 작은 것에 곡진함이니, 작은 일에 지극한 것으로도 성誠할 수 있다. 성실하면 드러나고, 드러나면 더욱 확연해지고, 확연해지면 밝아지고, 밝아지면 감동시키고, 감동시키면 변變하고, 변變하면 화化할 수 있으니, 오직 천하에 지극한 성誠이라야 이 궁극적인 화化를 이룰 수 있다(제22·23장).[루)]

물질문명으로 인한 인간소외니 가치관의 혼동이니 뭐니 하는 추상적 현상 속에서는 꿈쩍도 않던 사람들이 자기 몸의 파괴라는 구체적인 현상을 체험하게 되면서 화들짝 놀라 당황해 하며 우왕

좌왕 소란스럽다. 어떻게 해야 좋은 것인지 또 제대로 하는 것인지 갈피를 잡지 못하고 있고 앞으로 점점 더 야단법석을 떨게 될 것이다.

나의 의지로 나의 건강을 추구할 수 있는 조건이냐 아니냐 하는 것은 인류문명에 매우 중대한 갈림길이다. 자연과 문명으로부터의 지속적인 경고 메시지를 받아 왔음에도 불구하고 우리는 그것을 회피하고 외면해 왔기 때문에 자연과 문명의 질병현상은 죽음이라는 최종적 사태를 향하여 돌진하게 되어버린 것이라는 문제의식이 필요하다.

왜 우리는 여지껏 누차 발신되어 온 경고신호를 감지하지 못했을까? 그것은 환경생태로부터의 부정적 환류(negative feedback)(참고: Mclaughlin, A., 1993)에 대한 감수성이 둔했기 때문이다. 그렇다면 우리의 감수성은 왜 그렇게 둔화되어 왔는가? 그것은 천지天地의 신음소리를 듣지 못할 만큼 인류가 편리추구에 중독되어 왔기 때문이다. 그러나 뒤늦게나마 사람들이 산천초목山川草木과 조수鳥獸와 공기와 빛(오존층 파괴로 인한 자외선 과다투과는 분명 빛의 오염현상이다) 등의 질병현상에 대해 고매한 관심과 열정을 토해 내고 있다. 환경생태의 교란·질병 현상이 궁극적으로는 나와 내 가족의 건강이 위협받는 상황으로 치달아 버린 것을 깨닫기 시작한 것이다.

지금의 상황은 분명히 정신만 바짝 차리면 괜찮은 정도가 아니다. 자연과 문명의 경고음에 둔감했던 탓에 그 정도는 이미 지나쳐 버렸다. 그렇다고 해도 스스로 깨어나 정신을 바짝 차리는 일이 전제되지 않으면 지금의 상황을 타개하기 위한 실마리는 찾을 수가 없다. 어느 누구도 정확한 힌트를 줄 수 없는 문제이기 때문에 불안스럽더라도 인간이 스스로 그 기준을 설정해 가야 한다. 스스로 깨어나 정신을 바짝 차리지 않으면 이렇듯 원칙적으로 불확실할 수밖에 없는 출발을 시도조차 할 수 없다.

건강의 추구는 생명의 연장과는 다르다. 제대로 살다가 제때에 죽어야 한다. 오존층 파괴현상을 해결했다고 치자(이는 과학·기술상의 대응만으로는 불가능하지만 그렇다고 치자). 그렇게 되면 인간소외니 가치관의 혼란이니 하는 문명의 신음소리, 그 경고음은 자동으로 사라져 줄 것인가?

내가 물장구치던 정겨운 감동이 서린 개울물, 나의 갈증을 후련하게 달래 주었던 싱그러운 위안의 우물물, 수시로 보았던 벗들과도 같은 그 새와 짐승들, 사이사이를 뛰놀던 가족과 같은 아름드리 나무들 …. 이런 것들 모두가 병들고 사라져간다는데, 내 가족과 같은 그것들의 존재가 지워진다는데, 또 그것이 조금 불편한 일을 모면하고 싶은 유치하고 이기적인 인간의 욕망 때문이라는데, 내가 가만히 앉아서 보고만 있어야 하는가? 생명이 없는 문방사우조차도 오래도록 정들면(절대로 나의 성실한 삶 속에서만 가능하다), 그것을 잃는 슬픔은 나의 분노를 유발하는 정도에까지도 이른다.

내 삶의 성실함과 내 몸의 정화라는 과제를 놓고서 볼 때, 우선적으로는 인간의 욕구체계 및 욕구충족 양식, 그리고 복지와 편리 등이 무엇이냐 또는 무엇이어야 하느냐에 대한 인식과 느낌을 전면적이고 근본적으로 재구성해야 한다(참고: 김용정외, 1992; 박준건, 1993; 전경수, 1991). 그러나 인간은 그 무슨 일이든 어떤 경우에도 완전히 새롭게 시작할 수는 없다. 그렇다면 지금까지 축적해

온 문명의 역량들 가운데서 무관심해 왔거나 눈여겨보지 않았었던 것, 그러면서도 내 삶의 성실함을 가능케 할 수 있는 것, 그런 인류 문명의 역량을 직시할 수 있는 감수성을 계발하고 체화體化시키는 방법 말고는 다른 도리가 없다. 이런 과제를 나의 일상 삶에서 더듬어 낼 수 있는 장場은 잘 알고 익숙한 것 같으면서도 사실은 잘 모르기 쉽고 오히려 낯설게 드러날 수도 있는 '가정'이라는 곳이다.

내 가족의 건강을 추구할 능력이 나에게서 망실되도록 위협하는 것이 무엇인가를 고민하는 것, 그것은 필수적으로 가족애를 필요로 한다. 이것은 이기적인 자기애를 초월한다. 나의 욕구와 욕구해소 방식 때문에 가족의 건강을 추구하는 것이 저지당하고 있다는 것을 안다면, 가족애는 기존의 내 욕구와 그 욕구의 해소방식을 바꾸는 것을 가능케 하는 원동력이 된다. 인류의 생존욕구가 거꾸로 인류의 생존을 위협하고 있는 딜레마는, 인간의 욕구란 이런 것이며 그 욕구를 해소시킨 상태는 저런 것이라는 기존의 전제로 인해서 야기된 것일 뿐, 그 욕구수준을 달리 할 때는 이야기가 전혀 달라진다.

우선 '나'라는 개인이 내 가정에서 과연 무엇을 하고 있는가 살펴보자. 나의 관심을 내 집 울타리 너머 밖으로 확장시키기는커녕 내 가족에 대한 관심, 가족애조차 왜곡되고 찌들어 있지는 않은가?

가족애는 기존의 인간 욕구수준에 대한 근본적 반성을 촉발시키는 결정적인 계기요 지점이다. 가족애를 돌보자! 이것은 환경·건강의 문제에 대해 복잡하게 뒤엉켜 있는 오만가지 요인을 추상하여 하나 또는 몇몇의 원인으로 규명해 내는 일보다 더 중요하다. 그러나 가족애는 그냥 거저로 생기는 게 아니다. 아비·어미가 자기 노릇을 제대로 하고, 자식도 자식 노릇을 제대로 해야 가족애가 가능한 것이다. 세간에 비난의 대상이 되고 있는 가족주의는 아비·어미가 제 노릇을 하지 못하면서 그 못하는 아비·어미 노릇을 다른 그 무엇으로, 대표적으로는 돈과 물질적 제공으로 땜질하려는 불성실한 태만의 소산일 뿐 그것은 결코 가족애가 아니다. 즉, 제대로 된 아비·어미 노릇을 전제로 하는 가족주의가 아니라 이기주의·배금주의의 극단적 소산일 뿐이다. 가족은 그냥 가족이 될 수 없다. 고단한 노력이 동반되지 않으면 가족이 오히려 남보다 더 부담스러운 존재로 변질되기 쉽다. 가족으로서 함께 살기 위해서는 서로가 땀 흘리고 노력하고 각자가 성실한 삶을 살기 위해 애써야 한다.

인간이 자연과 화해하기 위해서는 궁극적으로 인간끼리의 관계도 변해야 한다. 우리는 자연을 파괴하면서 공동체도 파괴해 왔다(참고: 전경수, 1992b). 물건과 재화의 극대화를 꾀하는 과정에서 냉혹하고 기계적인 사물의 질서로 삶이 재편되어 온 것이다. 이제 왜곡된 사람과 사람 사이의 관계를 바로 잡지 않고서는 사람과 자연과의 관계도 바로 잡을 수 없을 것이다(김찬호, 1994: 191).

성실한 노력의 대가로 주어지는 용돈을 일상적 경험으로 체화시킨 사람의 삶에서 자연으로부터의 불로소득을 함부로 기대하고 마구 퍼내려는 짓은 가능하지 않다. 용돈을 타기 위해 아버지의 눈치를 보는 것을 전혀 굴욕이 아닌 것으로 체험하는 사람은 결코 자연의 눈치를 보는 것 때문에 수치심을 느끼거나 모멸감에 빠지지 않으며, 따라서 그런 불편한 정서를 해소시키기 위해 앞뒤 생각 없이 무모한 시도를 감행하지도 않는다.

5. 나의 성실한 삶이 내 가정과 세상을 가지런하게 바로 잡는다

인류의 건강, 내 가족의 건강을 위협하는 일들을 낱낱이 정리하고 그 일들을 하지 못하도록 금지하는 것으로 환경생태의 문제를 풀 수 있다고 믿는다면 그것은 거의 환상을 좇는 거나 다를 바 없다. 도대체 너와 나의 분리, 이곳과 저곳의 분리, 지금과 나중의 분리, 선조·후손의 분리가 무의미하고 불가능한 환경생태 문제 앞에서 누가 누구를 향해 금지를 외치고 선언한다는 것인가? 환경생태의 질병현상은 분명히 내 욕구체계 및 그 욕구의 충족방식과 연관되어 있으며 궁극적으로 내 몸의 질병현상을 부르기 마련이다. 이런 치명적 조건 속에서 우리가 고심해야 할 과제는 나의 욕구체계에 대한 재고이며 이 재고를 가능케 하는 현실적인 계기와 고리를 찾는 것이다. 나는 그것을 가족애에서 발견하며, 가족애 그 못 말릴 에너지를 고조시키기 위해 기울여야 할 노력을, 제대로 된 아비·어미 노릇과 자식 노릇에서 찾는 것이다. 나의 성실한 삶이 세상을 가지런하게 한다. 내가 성실하지 못하면 세상이 제정신을 못 차리고 어지럽혀져 뒤죽박죽이 된다. 불성무물不誠無物![무]

나의 불성실한 삶이 세상을 어지럽혀 놓았다고 반성하는 것은 매우 중대한 의미를 갖는다. "큰일났다!"는 외침을 자기 자신에게로 돌리는 것이기 때문이다. 우리에게 지금 필요한 것은, 예를 들어서, 길을 넓히는 데 방해가 되는 우직한 고목을 앞에 두고서 간단하게 파헤쳐 버리는 능률적인 인간들보다는 몇 달을 두고서 어떻게 해야 좋을 것인가를 함께 고민하다가 부득불 뽑기는 하되 그냥 뽑아 버리기가 께름칙해서 고사를 드리는 그런 겁 많은 인간,

환경생태에 대해 부과하는 자기들의 행위에 대해서 아폴로지(apology)의 제식을 일상화시켜 놓고서 자기의 주변을 달랠 줄 아는 사람들이다(참고: 전경수, 1992b). 천신天神, 지신地神, 목신木神, 산신, 성주신, 조왕신, 요왕신 등 오만 잡신이 설쳐대는 세상에서 숨죽여 사는 그런 사람들은 자신의 삶을 성실하고 가지런하게 하려고 부단히 노력할 수밖에 없는 사람들이다.

인류는 어떻게 자연의 눈치를 봐가며 살 것인가? 우리가 자연에 대해서 할 수 있는 것은 '눈치보기' 뿐이다. 이것만이 자연과 공존하며 살 수 있는 유일한 길이다. 인류가 제아무리 거대한 문명의 성취를 이룩한다고 해도 자연에 대한 눈치보기의 정도는 달라질 수 없다. 자연은 인류문명의 성과와 무관하게 여전히 잔인한 것이다. 자연현상은 인간이 처한 상황에 아랑곳하지 않고 무차별적으로 일어나므로 인류에게 영원히 공포의 대상일 수밖에 없다. 인류는 이 무자비한 대자연에 기대어 눈치껏 빌어먹는 것으로 살아가야 하는 미약한 존재이다. 인류가 그 어떤 거대한 문명을 성취한다고 해도 이 사실을 망각해서는 결코 안 될 것이다.

성실한 삶을 향한 노고가 특정한 조건 아래에서라면 면제될 수 있다는 한가한 핑계가 지구촌 환경재난과 인류생존 위협의 초기조건이라면 초기조건일 것이다. 자연 생태계의 자기정화·조절 작용은 한시도 쉬지 않고 지금 이 순간에도 어김없이 일어나고 있다. 문제는 그 작동이 인류를 청소해 버리는 쪽으로 나타나느냐의 여부이다(참고: 전경수, 1992a).

6. 천지의 신음소리, 내 가족의 비명소리

환경생태의 문제, 지구촌 환경재난은 가정이 제자리를 찾도록 철퇴를 가한 자연이 내린 최후의 극약처방이라고 받아들이고 싶다. 내 가족의 건강을 돌보는 데서부터 전지구적인 건강에 유념하게 되고 결국은 내 건강도 돌보게 만드는, 인류에게 제시된 최후의 자연선택현상! 내 가족과 나의 건강을 추구하는 게 가능하기 위한 조건을 마련하기 위해 해야 할 일이 무엇인가를 하나씩 새록새록 깨닫게 만들기 위한 자연 질서체계의 작동으로 보아야 한다는 것이다. 인간의 감수성이 문명 속에서 둔화되어 갔기에, 자연과 문명의 신음소리가 제아무리 처절했어도 인간에게는 감지 불가능한 미약한 경고음에 불과했기에, 가족의 울부짖음으로 우리의 귀를 뚫어 놓고 우리의 눈을 씻어 놓는 필연의 사태, 그러나 심히 위험하고 비극적인 사태에 직면해 있다고 우리는 느껴야 한다. 천지의 신음을 가족의 비명처럼 듣지 못하고 태평하게 팔짱끼고 강 건너 불구경하듯 해 왔으니, 이제는 가족의 비명으로부터 천지의 신음을 들으라는 것이다. 그리고 그 신음을 낳은 근원적 고름을 짜내라는 것이다. 인간이, 가정이 제자리를 되찾으라는 것이다. 타아(자아를 제외한 만물)가 시달리는 것을 내 가족의 고난으로 전화시켜 받아들일 수 있는 감수성이 우리한테 갖춰지지 않으면 결국에는 내 가족과 내가 끔찍하게 시달리게 되고 그러다가 비참하게 죽어가게 된다는 사실을, 지금의 관성 그대로라면 언제 닥칠 것인가의 시기만을 남겨 놓은 필연적인 사태라는 점을 섬뜩한 느낌으로 받아들일 줄 알아야 한다. 사소한 불편함을 모면하고 싶은 유치한 불성실함을 확실하게 넘어서는 게 일단은 가장 급선무이고, 이런 생활양식을 평생의 배움의 과정을 통해서, 삶 곧 교육의 행로 속에서, 일상적 생활 속에서 몸에 익혀 나가야 한다. 내 가족과 나의 건강을 위해서!

내 가족과 나의 건강을 위한다는 게 중요하다. 인류를 위해서, 아니 이 나라를 위해서라도 나 개인이 할 수 있는 일은 별로 없다. 가족을 위해서면 충분하고, 조금 더 넓혀 잡는다고 해도 내가 사는 동네를 위해서라면 족하다. 인류보편의 질서는 가족애로부터 출발한다. 유교가 고집스럽게 가족에 대한 강조를 포기하지 않은 것은 분명히 타당한 이유가 있는 것이고, 이런 점은 오히려 오늘날에 더욱더 중요한 시사점을 가지고 있다.

우리는 다음과 같은 질문에 대답할 수 있어야 한다. "이 지구가 앓고 있는 몸살을 내 가족의 고통으로 느낄 수 있을 만큼의 감수성을 과연 내 몸 안에 닦아 놓고 있는가?"

우리는 도대체 무엇에 뜻을 두어 배움의 길을 평생 걷고 있는가?

시험의 사회적 기능과 과거제도의 의의

과거제도는 기본적으로 공직자 선발을 위한 국가적 공개경쟁 시험제도이다. 이것은 공공영역에서 사회적 역할을 담당할 인재를 선발하기 위해 마련해 놓은 국가적 능력공인 기제인 것이다. 교육이 교육으로 끝나거나 시험이 시험으로 끝나는 게 아니라, 사회적 공무의 담임과 연결되어 있었다. 중세 서구에서 대학을 졸업하는 것이나 학위를 받는 것과 공무를 담당하는 것은 제도적 상관성이 거의 없었다는 사실을 상기하자. 과거제도는 또한 공개경쟁 시험을 통한 선발제도였다. 제한경쟁시험을 통한 선발제도였거나 서임제도(patronage system) 또는 선거에 따른 논공행상論功行賞의 엽관제도(spoils system)가 아니었다.

이런 과거제도는 한국과 중국 그리고 베트남에만 있었던 것으로서 인류 역사상 매우 특이한 제도이다. 과거제도가 혁파되었다고 말하고들 있지만, 과거제도를 통하여 고수하려고 했던 원칙과 기준은 소멸되지 않았다. 그것은 능력에 의한 등용, 시험에 의한 자질의 검정·공인이다. 과거제도는 한국·중국·베트남 등의 역사에 갇혀 있는 고답적 골동품이나 말라비틀어져 버린 박제와도 같은 게 아니라 세계사적 위상을 갖고 있는 살아있는 것이다. 능력주의를 바탕으로 하는 과거제도의 원칙과 이상은 인류역사에 근대적 합리성의 요소가 보편화되는 데에 커다란 몫을 했다. 인류 근대사회의 기본 가치를 형성하는 데에 뚜렷한 자기역할을 했으며, 지금도 사람들의 합리적 가치기준에 살아남아 있다는 것이다.

과거제도의 역사를 가지고 있는 우리로서 고민해야 할 것은 과거제도의 말단적 폐단, 그 꼬투리를 잡으려는 데 있지 않다. 과거제도가 존재할 수 있었던 조건, 과거제도가 존재했기 때문에 가능했던 사회적 역량, 과거제도가 부재했다면 불가능했을 상황 등에 대한 천착이 지금 우리 교육상황과 교육문제·전망 등을 제대로 다루는 데에 필수적이다.

현재 한국의 교육문제 가운데 가장 고질적인 것은 각종 교육문제 그자체가 아니다. 오히려 문제는 교육문제를 보는 관점과 해석에 있다. 한국의 교육체제·제도·조직은 어딘가 모르게 뭔가 낙후되어 있는 것은 아닌가 하는 깊은 의심과 패배감이 더 큰 문제이다. 어떤 제도든 늘 개선을 요하는 상태 아래에 있기 마련이며 완벽한 제도란 없다. 그런데 한국의 교육제도는 늘 요구되는 개선의 정도를 훨씬 넘어서 어떤 혁신적 변화를 가해야 되지 않겠느냐는 무거운 부담감에 시달리고 있다. 이런 부담감은 지금 우리가 갖고 있는 것에 대한 '의심' 또는 '자신감의 결여'에서 비롯된다. 이런 자신감의 결여와 자기의심은 우리가 갖고 있는 것에 대한 정확한 정보가 미비하기 때문이고 따라서 정당한 자기평가를 내리고 있지 못하기 때문이다. 우리는 우리 자신의 안목으로 남도 나도 제대로 평가하지 못하고 있다. 늘 남의 눈을 빌어다가 나를 평가했고 또 남도 평가했기 때문에 자신감의 결여란 당연한 결과인지도 모르겠다.

사회적 성공의 잣대는 과연 무엇인가? 부자의 아들이 부자가 될 개연성이 강한 사회는 폐쇄적인 사회인가? 존현尊賢이란 무엇을 말하는 것인가? 현자를 부자로 만들어 주는 것인가? 누구나 능력만 있으면 부자가 될 수 있느냐, 아니면 누가 부자가 될 지 미리 결정되어 있지 않느냐 하는 구분(경제적 환원가치를 기준으로 하는 구분)으로 사회적 개방성 여부를 가려야 하는가? 서구 자본주의 사회에서 평등주의의 궁극적 잣대는 돈에 있다. 이 경제적 준거가 필요한 것이긴 하지만, 유일의 보편적 준거도 아니고 건전한 추구의 대상으로서 다른 여타의 준거들을 모두 제쳐버릴 만큼 강력한 것도 아니다. 1억의 부자보다 10억의 부자가 열 배 더 성공한 것이라고 그 자신도 남도 인정하지 않는다. 오로지 보수 수준의 높낮이를 유일한 기준으로 삼아 자기의 직업을 선택하지도 않는다.

구미사회에서 업적주의의 실패, 교육에 의한 제3의 신분층 형성, 계층고착화 등의 가능성을 사회적 문제로 지적하는 것은 과거 귀속주의·혈통주의 망령에로 퇴행하는 것은 아닐까 하는 우려를 의미한다. 그러나 한국에서의 계층고착화 문제는 상대적으로 미약하며, 불건전했던 과거에로의 퇴행을 의미하는 게 아니다. 그것은 미완의 처리과제를 의미한다. 계층고착화라는 이름을 붙이는 것 자체가 지나친 명명이고 서구 귀족신분제 질서의 사회와 같은 사회로 퇴행할 우려를 안고 있는 것도 아니다. 사회적 공능功能을 발휘할 능력을 가진 사람을 공정하게 선발해야 하고, 그 사람을 우대해 줘야 한다는 원칙은 어떤 경우에도 양보할 수 없는 천 여 년 묵은 우리의 성전聖典이다.

대학졸업이라는 학력이 무의미하고 학력에 따른 사회적 우대가 부당하다면, 대학은 왜 존립해야 하는가? 능력을 반영하는 학력에 따라 사회적 우대가 이루어지고 있다면 문제가 될 게 없다. 우리는 대학졸업이라는 사회적 의미를 평가절하시킴으로써 해결될 문제를 안고 있는 게 아니다. 대학졸업의 사회적 의미를 바로 세움으로써 해결될 문제와 씨름하고 있는 것이다. 대학졸업이란 곧 능력의 사회적 공인이라는 실질적 의미가 제대로 추구되어야 학력주의에 묻어 있는 부정적 의미를 처리할 수 있다.

"대학을 나오지 않아도 성공할 수 있다"는 말과 "대학졸업이란 무가치한 것이다", "학력을 기준으로 능력을 재는 것은 잘못이다"는 말을 혼동해서는 안 된다. 대학을 나오지 않아도 얼마든지 성공할 수 있지만, 대학졸업이 무가치한 일이 되서는 안 된다. 학력이 능력을 명실상부하게 반영할 수 있는 방도를 궁리해야 한다. 학력에 따른 우대를 철폐하는 것이 곧 능력주의의 추구라고 착각해서도 안 된다. 학력은 실질적인 능력을 사회적으로 공인해 주는 것이 되어야 한다. 또한 학력에 따라 사회적으로 그만큼 대접해 주어야 한다. 이런 기준을 포기한다면 능력을 갖추어 사회적으로 공인받고 그만큼 대접받겠다는 욕구가 감퇴되어 버릴 것이다. 능력계발을 향한 중요한 사회적 동인의 하나를 잘라내 버리는 것이다. 동시에 사회적으로 공인되었을 뿐만 아니라 학력에 걸맞는 명실상부한 능력을 갖춘 사람인데도 그 사람을 그만큼 대접해 주려는 마음·자세도 상실되어 버릴 것이다. 이는 애써 계발시켜 놓은 능력과 성취를 매장시켜 버리는 것이다. 비난의 대상이 아닌 건전한 원칙과 기준으로서의 학력주의를 추구해야 한다. 부정적 용어로서 학력주의를 부각시켜 지탄의 대상으로 지목하는 것은 건강한 처사일 수 없다.

선발과 시험의 사회적 의미를 따져보자. 시험 없는 세상에서 살고 싶다는 둥 짜증만 내지 말고, 시험제도에 대한 요즈음의 신경질적인 반응이 과연 정당한 것인지 헤아려 보자는 것이다.

선발은 다수에서 소수를 간추려 내는 것이므로 다수의 교육인구를 전제로 한다. 선발이 없는 시대는 다수의 교육인구가 없는 시대요, 사회적 영향력을 남보다 더 많이 더 강하게 행사할 소수가 이미 결정되어 있었다. 그 기준은 내 성취와 능력이 아니라 내 아비가 누구냐는 것이었다. 이런 기준은 선발의 사회에 살고 있는 사람이라면 누구든 용납할 수 없는 부당한 것이다.

시험은 사람을 괴롭히기 위해 존재하는 것이 아니라, 집단적 삶을 사는 사람들을 도와주기 위한 것이다. 시험은 인류가 겪었던 부당한 억울함을 해소하기 위한 것이요 고마운 것이다. '시험'을 '지옥'이라 한다면 인류는 왜 지옥을 도입했겠는가?

내 아비의 재산에 의해서도 아니고, 내 아비의 권력에 의해서도 아니고, 내 아비의 종교·종파에 의해서도 아니고, 내 아비의 민족·종족에 의해서도 아니고, 나 자신의 교육적 성취, 사회적으로 발현할 수 있는 능력과 업적에 의해 합리적으로 계층이 구분되는 사회! 공공시험제도는 그런 사회의 성립과 지속에 필수적인 전제조건이다. 능력의 추구, 그 능력의 사회적 공인, 그에 따른 사회적 역할의 담임, 차등적 권리의 부여, 차등적 권리의 상호 인정 등의 원리를 형성하고 추구하고 보편적으로 정착시킨 사회를 마련하기 위해 인류가 기울인 노력은 결국 합리적이고 타당하고 공정한 시험제도의 성립을 매개로 한 것이다.

지금 우리가 겪고 있는 문제는 시험제도의 문제가 아니라 시험제도를 운영하고, 시험제도에 가담하는 사람들의 태도와 자세 때문에 비롯된 문제이다. 우리 사회에 나타나고 있는 작금의 시험제도에 대한 신경질적인 반응은 시험제도가 본래의 취지를 살리지 못하고 있는 데 따른 것이지, 시험 없는 세상, 혈통주의가 판을 치는 그런 세상을 희구해서 나타나는 현상이 아님을 명백히 준별해야 할 것이다. 시험제도의 운영에 있어서 우리가 관심을 기울여야 할 초점은 그 룰이 어느 계층에 유리한가를 따지는 데에 있는 게 아니라, 그것이 과연 합리적이고 타당하고 공정한 룰을 가지고 있는가, 또 그대로 지켜지고 있는가에 있다.

능력이란 무엇인가? 능력에는 그 사람의 기능적 탁월성뿐만 아니라 인격·성품·태도·언어·대인관계·삶의 자세 등등 모두가 포함된다. 여기에는 시험에 의해 검출되는 영역과 검출되지 않는 영역, 시험으로 검출하려고 해서는 안 되는 영역이 있다.

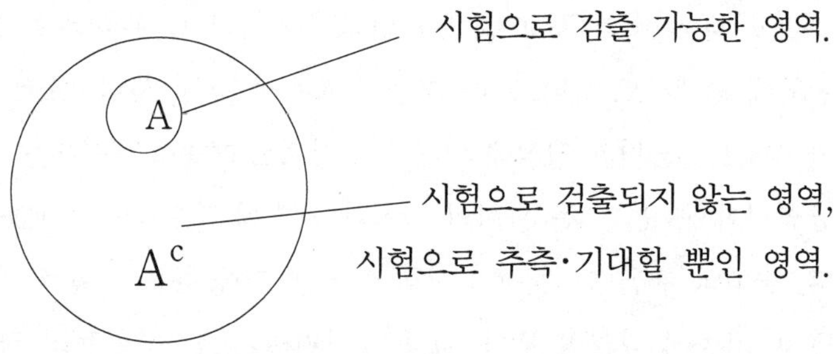

두 가지 경우를 생각해 보자.

첫째, A만으로 A^C까지 품고 있다고 가장·위장·변장하려는 것.

둘째, A^C의 역량을 구비함으로 인해서 A가 드러나고 더 빛나는 것.

시험제도에 가담하는 사람의 자세는 둘째의 경우라야 한다. 그것이 자신을 위한 길이다. 첫째의 경우는 시험에 참여하는 사람에게도 시험제도를 운용하는 편에게도 어느 누구에게도 부정적인 영향을 미친다. 시험제도가 인류에게 가져다 준 혜택을 훼손·말소시킬 뿐이다. 시험에 가담하는 사람의 자세를 강조하는 이유는 시험제도를 운용하는 데 있어서 둘째의 경우만 발생하고 첫째의 경우는 발생하지 않도록 완벽을 기할 수 없기 때문이다.

입시위주의 교육이란 무엇을 말하는가? 학교현장, 사회일반에서 나타나는 입시위주 교육의 구체적인 단면과 그 부정적 의미를 한 번 제시해 보시오! 입시위주의 교육이 큰 문제라고 열 올리는 사람들조차도 이런 질문에 대해 하나하나 차근차근 그 실상을 제시하기 어렵다. "입시위주의 교육"이라고 탓하는 것은, 그냥 지금의 교육현실을 도매금으로 비난하는 안일한 방식의 전형일 뿐 타당하고 합리적인 고민의 소산이 아니다. 일단, 입시위주의 교육이란, "시험점수를 높이는 데에 일차적인 목적을 두는 교육"이라고 해두자. 그렇다면, 지금 우리의 학교에서 한 시간 한 시간 매 번의 수업시간 동안에, 학생-학생, 교사-학생, 부모-자식 사이의 일상생활 속에서, 실제로 시험점수를 높이는 데에 효과적인 교육을 과연 실시하고 있는가? 학습지를 잔뜩 풀어주는 교육은 시험점수를 높이는 데 효과적인가? 음악·미술·체육 시간을 다른 수업으로 또는 자습으로 대치해 주는 것이 이른바 주요 과목 시험점수를 높이는 데에 도움을 주는 배려인가? 방과 후에 억지로라도 학교에 잡아두고 자율(?)학습(속칭 "야자")을 시켜주는 것이 학생들의 시험점수가 높아지는 데 긍정적으로 작용하는가? … 이런 일련의 질문에 대해서 "그렇다"는 확신이 서 있고 실제로 확인되었기에 지금 우리의 교육현장에서 이런 일들이 비일비재하게 벌어지고 있는가?

요즈음 강조되는 교육의 논리는 마치 A의 추구만으로 A^c를 가장·위장하려는 것 같은 색채가 짙다. 이런 논리는 경제의 논리만도 못하다. 왜냐하면, 효과를 본 다음에라야 투입한 비용이 고비용이었는지 저비용이었는지를 가늠할 뿐(비용의 많고 적음은 효과의 정도에 따라서 규정된다) 효과를 보기도 전에 비용의 최소화를 기도하거나 확인할 수는 없기 때문이다. 비용의 많고 적음 여부는 확정 불가능한 상태에서 부지런히 투자(input)하는 것이다. 그러나 요즘 시험이나 인간의 성장과 관련된 교육의 논리는 최대의 효과를 먼저 확정지어 놓은 다음에 그만큼의 효과를 보기 위한 가장 최소한의 효율적인 비용투자는 어떤 것일까에 모아져 있는 듯하다. 우리의 자녀들이 불한당不汗黨으로 자라나길 염원하자는 것인가?

인간이 가지고 있는 능력을 있는 그대로 완벽히 드러내 줄 수 있는 사회적인 능력검증·공인제도를 마련하는 것은 불가능하다. 시험은 인간의 모든 면을 보여줄 수 없으며 시험점수는 완벽한 것이 아니다. 시험은 인간능력의 일부분 밖에는 보여주지 못한다. 그렇다면 시험제도는 쓸모없는 것인가?

여기서 현대 인류사회가 가지고 있는 지극히 상식적인 조건 하나를 들어보자. 현대사회는 대중사회다. 평생 눈앞에 보이는 먼 산 한 번 넘어보지 못하고 생을 마감하는 사람들이 사는 작은 공동체만으로도 자기충족적인 삶을 사는 상황에 있지 않다. 내가 누구인지, 어떤 능력과 성품의 소유자인지 누구나가 다 알 수 있는 그런 상황에서 너무도 멀리 있는 게 우리 삶의 기본조건이다. 대중사회를 불가피한 사회적 조건으로 안고 있는 인류에게 자기의 능력을 공신력 있게 대중에게 이해시킬 수 있는 최소한의 방책으로서 공개경쟁 시험이라는 능력공인제도가 있느냐 없느냐 하는 갈림길은 그야말로 하늘과 땅 차이의 결과를 낳는다.

대중사회의 조건 속에서 시험이라는 사회적 제도를 소거시켜 보라, 어떤 일이 벌어지겠는가? 우리가 그토록 저주해 마지않는 상황, 인류가 오랜 시간동안 척결하려 했던 상황으로의 퇴행만이 남아 있을 뿐이다. 내가 살고 있는 사회 속에서 내가 어떤 사회적 공능을 발휘할 수 있느냐에 따라 나의 사회적 위치가 조정되는 삶의 질서에서부터 내가 누구의 자식이냐에 따라 내가 할 수 있는 일과 할 수 없는 일이 갈리는 막막한 질서로 몰락해버릴 것이다.

"학력보다는 능력이 존중되는 사회를 만들어가야 한다." 이는 마치 의문의 대상이 될 수 없는 당연한 추구과제를 피력하는 말처럼 들린다. 그러나 이는 우리 사회의 원칙과 기준을 혼탁하게 하거나 송두리째 뒤흔들고 있는 무책임한 발언이다.

이 말이 어떤 사람의 외형적 규정성보다는 내면적 사실을 존중해 주자는 취지를 담고 있다고 이해할 때, 막말로 해서 그 사람의 간판이나 겉껍데기가 아닌 사회적으로 발휘할 수 있는 실제적인 능력을 옳게 사주자는 말로 이해할 때, 그 사람의 내면적 실제, 실제적인 능력을 도대체 어떻게 알 수 있는가? "학력보다 능력 운운" 하는 위의 발언에는 학력에는 능력이 반영되어 있기 어렵다, 또는 능력은 학력으로 판단할 수 없다는 전제가 깔려 있다.

현재 우리 사회에서 획득하는 학력이 껍데기일 뿐이라면 껍데기에 불과한 그 학력을 명실상부한 학력으로 환원시킬 노력을 기울여야 마땅할 것인데, 그런 노력은 어디에다 묻어 놓고 학력을 껍데기로 버려둔 채 확인되지도 않는 능력을 추구하겠다는 것인가?

시험제도가 갖고 있는 제약으로 지목되거나 근본적인 문제로 제기되는 것 중에 가장 곤혹스러운 것은 "과연 시험으로 덕성까지 확인할 수 있겠느냐?"는 의문이다. 덕성은 시험으로 점검할 수 없다는 시험의 한계를 어떻게 보완할 것인가 하는 문제는 예나 지금이나 해결하기 어려운 매우 까다로운 과제이다. 조선조 과거제도의 정비작업을 검토해 보면 교육체제의 건전한 운영을 통하여 이 문제를 처리하려고 노력했다는 점을 읽을 수 있다.[37] 덕성이 의심스러운 인물은 과거시험장에 들어갈 수 없도록 함으로써, 시험으로 확인할 수 없는 덕성의 문제를 시험장에 들어가기 전에 해결하도록 기도했다는 것이다. 공정하고 합리적인 선발체제를 조성하는 동시에 선발체제만으로는 극복할 수 없는 문제를 양성체제의 운용과정에서 해소하고자 했다는 점에 주목해야 한다. 이에 대해 좀 더 자세히 살펴보자.

조선시대에 과거에 응시하기 위해서는 기본적으로 학교에 재학하고 있어야 했다. 이런 요건은 사실 조선 개국 직후 태조의 즉위조서에 명기되어 있을 정도로 기본적이고도 상식적인 대원칙이었다. 즉, 좌주문생제를 바탕으로 하는 고려조 과거제도의 문제점을 개선하여 학교(중앙의 국학과 지방의 향교)의 생도를 확충·배양하여 그 중에 탁월한 인물을 등용한다는 것이다.[부]

37) 김경용(2010). 조선중기 과거제도 정비과정과 그 교육적 의의. 『교육사학연구』 제20집 제1호. 참조.

이는 서울과 지방의 하부단위에서 차차 선발하여 태학에 들이고, 여기에 속한 인물 중에서 문과급제자를 가리도록 하는 방식을 지향했다고 볼 수 있는데, 태종조 초에 나온 사간원의 논의에서 이런 지향성을 채차 확인하고 있다.[수] 얼마 지나지 않아 대사성 권우 등이 올린 학교제도·인재선발에 대한 상서에서도 관리의 자제는 물론 서민의 자제 역시 학교에 들여 실력을 갖춘 15세 이상의 생도들 중에서 선발하여 생원시에 나아가도록 청하고 있다.[우]

개인적으로 공부하는 유생이라고 하더라도 서울에서는 부학部學(사부학당), 지방에서는 교관·학장으로부터 경학공부와 제술실적을 점검받아야(지방인 경우 수령이 관찰사에게 보고하여 도회소로 이첩하도록 함) 과거에 나아갈 수 있도록 했다.[주] 즉 이들은 비록 학교에 나아가 함께 공부하지는 않더라도, 본인의 경학·문장 실력을 입증할 활동을 학교와 관련하여 지속하고 있거나 이전에라도 한 적이 있어야 했다.

학교에 적을 두고 있어도 평소 학교에서 강학에 힘쓰지 않은 자 역시 과시에 나아가는 것을 허락하지 않았다. 또한 불시에 치르는 시험인 경우는 강학에 참여한 횟수가 많아야만 응시를 허락한 경우가 있을 정도로, 유생으로서 학적을 보유하면서 평소 강학에 힘쓰는 것은 과거응시를 위한 요건이었다.[추] 학적에서 삭제되는 것은 곧 과거응시자격 정지를 의미했으며,[쿠] 과거에 나아가기 위해서는 복적 조치가 있어야 했다.

학교에 재적하고 있으면서 평소 성실히 학업을 수행해야만 과거에 응시할 수 있다는 원칙은, 조선조 전시기를 통틀어 가장 중요한 학정문건이라고 할 수 있는 「학교모범」과 「학교사목」(1582년)에 종합적으로 정리되어 있다. 학업수행에 불성실한 자는 물론, 평소 행실이 바르지 못한 자도 도태시켜 군적에 편입시키고 과거에 나아갈 수 없도록 하는 등 성실하고 올곧은 성품을 갖추는 것이 역량을 겨루는 시험에 참여하는 데에 전제조건이라는 원칙을 상세히 제시하고 있다. 학적자 명부와 평소의 행실을 기록한 선적善籍·악적惡籍을 놓고 관원과 장의·유사 등 유생대표들이 협의하여 오점이 없는 자를 가려 과거응시자 명단을 작성하였으며, 심지어 학적을 보유하지 않아도 되는 생원·진사일지라도 거주지의 공론이 과거응시에 하자가 있다고 지목하는 인물은 그 명단을 각도 관찰사가 취합하여 성균관에 보고하도록 하는 한편, 군적에 편입되어 원칙적으로 과거응시 자격이 없는 자라도 행실을 고치고 과거에 도전할 실력을 갖췄다고 판단되는 인물이 있다면 실상을 조사하여 과거응시를 허락한다는 조항에서, 과거응시 이전에 학교 안팎에서 성실함과 바른 인품을 갖추는 것을 매우 중요시 하는 지향성을 읽을 수 있다.

즉, 덕성의 문제는 이미 학업을 수행하는 동안에 해결해야 하는 과제이고, 과거시험장에서는 의심할 바 없는 성품을 가진 응시자들로 하여금 경전에 대한 이해와 사장詞章 실력을 겨루게 하여 탁월성을 입증한 인물을 발탁하는 얼개를 지향했다는 것이다. 경박하고 불성실한 무리들은 재주가 출중하더라도 과거에 나아갈 수 없도록 하는 이런 지향성 역시 개국 초부터 강조되었던 것으로서,[투] "시험으로 덕성을 점검할 수 있는가?"하는 문제를 정돈하는 매우 중요한 시사점을 제공한다. 덕성에 하자가 있는 인물들은 응시자 명단에 오르지 못하게 하여 시험에 참가할 수 없도록 함으로써 이 문제를 해결하려 했다는 것이다.

인재선발은 인재양성이 제대로 이루어져야만 의미를 가질 수 있다. 선발에 응하는 모집단이 부실하다면, 제아무리 합리적이고 공정하게 선발하기 위해 제도를 정교히 구축하더라도 무의미하기 때문이다. 우수한 인재를 선발하기 위해서는 인재양성 제도, 즉 교육체제를 체계적으로 조직화 시키고 내실을 기하는 작업이 동반되지 않으면 안 된다.

조선조 내내, 기본적으로 학교에 적을 두고 있으면서 성실하게 학업을 수행한 자에 한해서 과거에 나아갈 수 있도록 함으로써 교육체제의 기반이 단단해 질 수 있도록 하였다. 조선조의 과거제도와 교육체제는 서로를 필요로 하면서 상호보완적으로 발전해 왔다고 볼 수 있다. 든든한 교육체제를 기반으로 해야만 과거제도가 제 구실을 할 수 있다는 점에서 조선조 과거제도의 500년 지속은 교육체제의 조직적이고 안정적인 유지를 통해서 가능했다고 보아야 할 것이다.

교육체제가 흔들리는 상황에서는 제아무리 공정하고 정교한 선발제도를 마련해 놓는다고 하더라도 거기서 뽑힌 인물들의 역량이 제한적일 수밖에 없다. 오늘날의 정부조직이든 기업체든 선발 이전에 교육체제가 안정적으로 기능함으로써 유지될 수 있다는 점, 양성체제의 결함과 선발제도의 결함은 동전의 양면처럼 동시에 작동하게 된다는 점, 이런 결함의 개선을 위해서는 우선순위의 설정이 필요하다는 점 등을 적시하지 않으면 안 될 것이다.

공개경쟁 선발제도의 역사를 이어 온 지 천년! 우리가 장구한 과거제도의 역사를 가지고 있으면서도, 공개경쟁 시험의 사회적·

역사적 의미를 호도함으로써 근거 없는 짜증을 부추기는 동시에 교육적 성취에 대한 사행심을 조장한다든가, 경제의 논리 일변도로 교육문제의 해결을 도모하는 것은 우리들 자신에 대한 배반이 아닐 수 없다. 특히, 경제제일주의의 추구는 그토록 염원하여 고난을 마다 않고 새로운 인간상을 추구해 온 피땀 어린 인류 역사에 대한 반역이다.

아비인 조선시대가 그의 자식인 현대 한국사회에게 짤막하게 묻는다.

"왜 꼭 리利를 말하는가(何必曰利)?"

현대 한국사회는 이 물음에 어떤 대답을 내놓아야 그 자식으로서 도리에 합당할 것인가?

<부록3> 제15조(거학)에 대한 보론

교학상장敎學相長, 교사의 멋과 맛![38]

1. 서론

저는 제주시에서 태어나 고등학교를 졸업할 때까지 거주하였고(1980년 1월 제주제일고등학교 졸업), 진학을 위해 고향을 떠나 연세대학교 물리학과(학사)와 교육학과(학사·석사·박사)를 거쳐 한국교원대학교에서 교육사를 강의·연구하고 있는 서생입니다. 이 글은 고교시절 은사님의 부탁을 받고 작성하게 되었는데, 은사님께서 청한 당초 주제가 '좋은 수업'이었습니다.

제자가 아니라 은사님께서 주신 부탁에 따라, 그것도 '좋은 수업'이라는 주제로 글을 쓰려 하니 심적 부담이 만만치 않았습니다. 저에게 가르침을 주셨던 은사님을 향해 "좋은 수업이란 이런 것입니다"하고 주제넘은 소리를 하는 것은 아닐지 염려가 앞섰기 때문입니다. 따라서 원고 초안을 작성하기 위해 이런 저런 메모를 해 두었고 몇 몇 자료도 조사해 놓았지만, 한동안 글의 서두조차 장만하지 못한 채 하루하루 시간만 흐르는 답답한 처지가 되었습니다.

21세기의 초·중등학교 교실과 그곳에서의 수업을 직접 경험해 보지 못했고, 3·40년 전의 체험과 주변에서 전해들은 정보밖에는 갖고 있지 않은 저가 과연 '좋은 수업'이라는 주제에 대해서 생생한 글을 쓸 수 있을지 도무지 자신이 서지 않아서 서두를 꺼내지 못하

---

38) 이 글은, 제주도 탐라교육원 발행『열안지』제12호(133-146쪽)에 실린 졸고를 다듬어 전재轉載한 것이다.

는 것으로 판단했습니다. 해서 저가 대학에서 강의하면서 교사나 학습 등에 대해 학부·대학원 수강생(교사지망생 또는 현직 교사)들한테 평소에 강조했던 내용들을 정리해보는 것은 어떨까 생각했습니다. 이 글이 '좋은 수업'이라는 당초의 주제에서 혹시 멀어지더라도 주제넘은 소리를 늘어놓는 것 보다는 나을 것으로 봅니다만 그래도 심적 부담이나 걱정이 여전합니다.

이 글은 담당과목에 따라 초·중등 여부에 따라 상당히 다양한 견해차를 보일 수 있는 거친 글이라는 점을 미리 말씀드립니다. 아직 정돈해야 할 여지가 많은 저의 의견을 '우리 사회의 어느 아비가 가지고 있는, 교사 또는 교직에 대한 단상' 정도로 봐 주시면 좋겠고, 혹 여러분들께서 이 글을 읽고 참고할 만한 소득이 있게 된다면 더없는 기쁨이겠습니다. 이하 본문은 평서문으로 기술하는 것을 양해해 주십시오.

2. 끝까지 희망을 버리지 않으면서도 염려를 놓을 수 없는 교사

미국 대통령 오바마가 한국의 교육 실태를 추켜세워 평가한 적이 몇 번 있었다. 그는 한국의 교사를 일컬어 '국가 조성자'(Nation Builder)라고 하였다. 그만큼 교사는 매우 중요한 인물이다. 그러나 그 중요한 인물은 동시에 매우 위험한 인물이 될 수도 있다. 맡은 바 제 할 일을 온전히 하지 못할 때, 그 사람은 중요성에 비례하여 더 큰 위험성을 품게 되기 때문이다. 중요하지 않은 인물은 오류를 저질러도 위험성이 상대적으로 덜하다.

더욱이 교사로서 난감한 사실은, 과연 내가 제 몫을 하고 있는지, 제대로 교직을 수행하고 있는지 확인하기 어렵다는 점이다.

나도 모르는 사이에 어떤 학생에게 마음의 상처를 준적은 없는지, 학생이나 동료들에게 눈살을 찌푸릴 만한 언행을 무심코 한 적은 혹시 없는지, 정년퇴직 한 뒤에라도 "내 인생이 이 지경이 된 건 바로 당신 탓이오!" 하고 항변할 제자가 언젠가 나타나지는 않을지 … . 하루하루 시시각각이 긴장의 연속이요 방심은 금물인 직업 교직! 그래서, 교직이 분명히 보람차고 뿌듯한 직업이기는 하지만, 그 이면에 무서운 직업으로 돌변할 가능성을 늘 안고 있다.

교단에 선 사람으로서 나 자신이 학생들에게 위험한 인물이기를 바라는 경우는 결코 없을 것이다. 그런데, 과연 내가 교사로서(또는 부모·어른으로서) 학생들에게(또는 자식·아이들에게) 제 몫을 하고 있는지 염려하고 조심한 것은 매우 오래된 일이었고, 또 그만큼 일상적으로 벌어질 만한 일이었다. 그런 사실을 알 수 있는 글을 살펴보자. 아래의 인용문은 기원전에 성립하고 삼국시대 초기에 우리 땅에 전해진 것으로 추정되는 『예기』의 「학기」에 나와 있는 오래된 글이다. 2천년 전부터 21세기 대한민국의 현실에 이르기까지 별반 다를 게 없는, 가르치고 배우는 일에 대한 보편적 측면을 담고 있다.

> 요즈음의 교육이라는 것은, 교사가 단지 교과서를 읊조리고 쓸데없이 어려운 질문을 잔뜩 늘어놓아 가르치는 말이 산만하기 그지없다. 진도를 나가기는 하는데 학생이 편안하게 이해하며 나아가고는 있는지 고려하지 않으며, 학생에게 뭘 하라고 시키기는 하는데 성심을 다할 수 있도록 이끌지 않으며, 가르치기는 하는데 학생이 가지고 있는 재주를 다 발현할 수 있도록 만들어주지도 않는다. 이처럼 가르치는 방법이 그릇되었으니

당연히 학생들이 배움을 추구하는 방법도 그릇될 수밖에 없다. 이런 탓에 학생들이 배움을 꺼리게 되고 교사를 미워하게 되며, 배움의 어려움에 괴롭고 힘들어 배움의 유익함을 알지 못한다. 비록 학업을 다 마쳤다고 하더라도 학생들이 배움터를 떠나자마자 배움을 놓아버려 교사들의 가르침이 별게 없는 셈이나 마찬가지로 끝나버리는 것은 바로 여기에서 비롯된 일이 아니겠는가![푸)]

2천년 전의 '가르침과 배움에 관한 얘기'라고는 믿기지 않을 만큼 21세기 요즈음의 교육실태를 꼬집는 듯 한 이 글을 우리는 어떻게 받아들여야 할 것인가? 결국 가르침과 배움의 본질은 옛적이나 지금이나 별반 다를 게 없다는 말이 아닐까 한다.

'잘 안다'는 것과 '잘 가르친다'는 것은 같지 않다. 잘 안다고 해서 가르치는 일을 잘하는 게 보장되지 않으며, 아는 게 신통치 않다면 잘 가르친다는 게 아무런 소용이 없어져 버린다. 상기의 『예기』「학기」 기사 앞부분에 적힌 또 다른 문구를 보자.

제아무리 좋은 요리가 있더라도 먹어보지 않고는 그 맛을 알지 못하듯이 비록 지극한 도道가 있더라도 배워보지 않으면 그 좋음을 알 수 없다. 이런 까닭에 배우고 난 다음에야 자신의 부족함을 알게 되고, 가르쳐봐야만 자신의 곤궁함을 깨닫게 된다. 자신이 부족하다는 사실을 알아야만 스스로 돌이킬 수 있고, 가르치는 실력이 곤궁하다는 걸 깨달아야만 자신의 실력을 보강할 수 있다. 그러므로 흔히 말하기를 "가르침과 배움은 서로 키워간다(교학상장教學相長)"고 하는 것이다.[후)]

"교학상장"이라! 참 많이 들어 본 말이다. 이 글을 보면 "교학상장"이라는 말의 본원은 바로 2천년 전의 「학기」에 있다는 사실을 알 수 있고, 가르침과 배움이 서로 동전의 양면과도 같다는 사실을 명쾌하게 풀이하고 있다. 부지런히 배우지 않은 자가 스스로 얼마나 부족한지 알 길이 없으며, 열성으로 가르쳐보지 않은 자가 남을 가르치는 데 있어서 자신이 얼마나 곤궁한 수준에 있을 뿐인지 깨달을 수 없다. 잘 배우려면 나한테 부족한 점이 무엇인지 잘 알아야 하고, 잘 가르치려면 가르치고자 하는 바와 그 가르침을 받는 수강자가 어떤지 바로 알아야 한다. "교학상장"이란 학생과 교사 양쪽에 대한 금언이라기보다는 교사를 향한 것으로 받아들이는 것이 더 좋을 것이다. 교사는 교과와 학생 모두에 대하여, 더 나아가서는 교사 자신에 대하여 잘 알기 위해 끊임없는 배움을 추구하지 않으면 잘 가르칠 수 없다는 시대를 초월한 보편적 원리를 말하고 있는 것은 아닌지 반추해 볼 만한 금언이라는 것이다.

나는 교사지망생 수강자들에게 교사의 힘(최대값 1)을 세 가지 변인을 갖는 함수로 표현한다.

$F(A \cdot B \cdot \alpha)=(A \oplus B) \otimes \alpha$

$(0 \leqq A \leqq \frac{1}{2},\ 0 \leqq B \leqq \frac{1}{2},\ 0 \leqq \alpha \leqq 1;\ A \cdot B=0$이면 $A \oplus B=0)$

여기서 A는 담당교과에 대해서 '잘 안다'는 것이고, B는 학생에 대한 이해가 밝아서 알고 있는 교과내용을 '잘 가르친다'는 것이고, α는 학생들이 '나는 그 선생님이 좋다, 마음에 든다'는 느낌을 갖도록 하는 '매력'을 말한다. 담당교과에 대해서 잘 알기는 하지만, 교사가 알고 있는 그것을 학생들에게 제대로 전달할 능력이 없다면, 즉 잘 못 가르친다면 A⊕B의 값은 '0'이고, 교사의 느낌과 생각을 학생들에게 전달하는 능력이 탁월하지만 담당교과에 대해서 아는 게 부족해도 A⊕B의 값이 역시 '0'이다. 즉 교과에 대한 지식이나 학습자에 대한 정확한 이해 중 어느 한 쪽이라도 실력을 갖추었다면 그래도 절반은 하는 것이 아닌가 하는 항변이 성립할 수 없다. A나 B 어느 한 쪽의 값이 '0'이라면 나머지가 최대값 '1/2'을 확보한다고 하더라도 결국은 아무것도 하는 게 없다는 말이다(A·B=0이면 A⊕B=0). 이런 점을 존 듀이(J. Dewey, 1859-1952)는 그의 짤막한 저서 『아동과 교육과정』(*The Child and the Curriculum*)에서 다음과 같이 말하고 있다. 이는 그의 책에 맺음말이다.

> 아동이 행사하게 될 힘은 아동의 현재 힘을 바탕으로 하며, 아동이 발휘하게 될 재능도 현재의 재능에서 시작되고, 아동이 체현할 태도 역시 현재의 태도를 토대로 한다. 그러나 인류가 교육과정에 구현해 놓은 것을 교사가 알지 못하면, 그것도 지혜롭고 철저히 알지 못하면, 아동의 현재 힘·재능·태도가 무엇인지 알 수 없을 뿐만 아니라, 그 힘이 어떻게 행사되는지 그 재능이 어떻게 발휘되는지 그 태도가 어떻게 체현되는지 알 수 없을 것이다.ㄱ)

그런데, 교사는 A·B를 다 갖추었다고 해도 안심할 수 없다. A와 B 양쪽의 능력을 두루 추구하고 있는 교사라면 α의 소양이 자연스럽게 따라 나올 것이라고 짐작할 수 있지만, 그래도 가르친다는 것은 끝끝내 조심스레 접근할 수밖에 없는 과제이기 때문에 마지막까지 그 조심성을 놓지 말자는 취지를 α의 문제는 갖고 있다. 예컨대, 담당교과에 대해서 해박한 지식을 소유하고 있고, 학습자에 대한 이해가 정확하고 남다른 교사, 더욱이 변화하는 시세에 따른 교과와 학습자 특성의 흐름까지 면밀히 파악하고 있는 교사라고 하더라도, "나는 당신이 어쩐지 싫다"는 느낌을 학습자에게 주고 있다면 그의 배움을 돕기가 쉽지 않을 것이다. 바로 이게 α의 문제이다.

여기에는 인간 성장과정의 불가피한 절차와 배움의 본질이 개입되어 있다. 우선, 어떤 배움이든 결코 쉽거나 즐겁지 않고 고단하고 지루하다. 또한 아주 어릴 때부터 스스로 내가 해야 할 일과 하지 말아야 할 일을 구분할 수는 없다. 도대체 이 두 가지 문제가 α, 즉 교사의 매력과 어떻게 연관되어 있는지 따져보자.

쉽지도 즐겁지도 않은 배움의 과정을 어떻게 견디도록 도울 것인가? 우리의 학생들(또는 자녀)이, 이 부담스런 과정에서 괴롭고 힘들어 주저앉으려 하거나 뒷걸음치려고 할 때, 그때도 우리는 "그래 네 뜻대로 하거라"고 할 것인가? 또 세상에는 하고 싶지만 하지 말아야 할 일이 있고, 하기 싫지만 꼭 해야 할 일도 있다. 아이들이 하고 싶다는 것만 하도록 하고, 하기 싫다는 것을 억지로 하도록 권하는 것은 아동을 무시하거나 억압하는 것이라고만 본다면, 이들에게 하지 말아야 할 일, 해야 할 일에 대한 구분과 그 실행을 어떻게 가르칠 것인가?

우리의 아이들에게 "하고 싶은 건 뭐든 해보거라" 격려하기만 하고 아이들이 한 일에 대한 어른으로서의 반응을 생략해 버린다면 그것은 교육을 포기하는 것이나 다름없다. 아직 어린 탓에 옳고 그름에 대한 판단이 아직 서지 않아서 그들이 제 욕구에 따라 또는 무심코 어떤 언동을 했을 때, 그 언동에 대한 교사로서 어른으로서 어버이로서의 판단과 평가를 명확하고 단호하게 제시하는 반응이 있어야 한다. 그래야 옳고 그름에 대한 사회적 기준을 저들이 파악해 나갈 수 있다. 특히 교사는 배움터를 찾은 이에게, 이득이 될 일이기는 하지만 옳지 않은 일이라면 단연코 하지 않도록, 이득이 없을 것 같더라도 옳은 일이라면 꺼리지 말고 감행하도록 가르쳐야 한다.

하고 싶은 것을 하도록 돕는다는 교수방법과 관련하여, 홍미를 유발한다, 학습동기를 자극한다는 등의 교수전략(?)에 대한 듀이의 경고는 새겨들을 만하다.

> 사실, 홍미는 앞으로 겪을 수 있는 경험을 향한 태도일 뿐, 뭔가를 성취한 게 아니다. 홍미의 가치는 홍미가 발휘하는 지렛대 역할에 있는 것이지, 홍미가 곧 모종의 성과를 의미하는 것은 아니다. 아동의 일정한 연령에 나타난 현상을 덮어 놓고 자명하거나 자족적인 것으로 간주한다면, 불가피하게 아이들이 제멋대로이고 응석받이가 되고 마는 결과를 초래하게 된다. 애든 어른이든 막론하고, 어떤 힘이라도 주어진 현재 인식 수준에 붙잡히면, 그 힘은 제멋대로이게 된다. … 현 단계의 홍미에 끌린다는 것은 홍분된 상태임을 의미한다. 그것은 홍미를 구체적인 성취로 지향하도록 하는 일 없이 계속적으로 홍미를 자극하며 아동의 힘과 노는 것을 의미할 뿐이다. 도달하는 데 없이 어떤 활동을 하다가 다시 시작하고 또다시 시작하는 일을 반복하는 것은, 모든 실제적인 목적을 위해서, 좀 더 완벽한 사고나 의지를 향한 홍미에 따른 자발성을 계속적으로 억압하는 것만큼이나 나쁘다. … 수업에서 다루는 주요 내용이 확장해 가는 아동의 인식 안에서 적절한 위치를 차지하려면, 그리고 그것이 그 이상의 성취와 수용성으로 활용되도록 하려면, 교묘한 계략이나 속임수의 방법을 동원하여 '홍미'를 뽑아내려고 해서는 안

된다. … 아이들이 흥미를 갖는 다는 이유로 아둔한 계획과 실속 없는 활동을 옹호하고 추켜세우는 경우를 자주 접한다. 그렇다! 바로 이런 것이야말로 가장 나쁜 짓이다.ㄴ)

배운다는 것이 이렇듯 어렵고 고단한 탓에 내 학생이 내 자녀가 주저앉으려 할 때나 게으름 피우려 할 때, 교사로서 부모로서 억지로라도 이들을 이끌고 나가지 않으면 안 될 것이다. 그런데, 학생의 입장에서 이끄는 그 사람을 몹시 싫어하거나 좋은 사람이라고 도무지 여길 만하지 않다면, 그 교사나 부모의 권고·노력은 소기의 목적을 달성하기 힘들 것이다.

지금 힘들어 죽겠는데, 여기서 멈추거나 되돌아가고 싶거나 최소한 빈둥거리며 쉬었으면 좋겠는데, 자꾸만 함께 가자고 권하든가 심지어 질책하는 어른이 있다. 이게 학생이 겪는 일상 중에 상당 부분일 것이다. 이때 그 어른이 평소 마음에 드는 사람 또는 좋은 사람이라고 여기던 교사라면, 즉 학생들에게 어떤 매력을 풍기는 교사라면, 비록 더디 가는 한이 있더라도 그 학생은 포기하고 싶은 마음, 게으름 피고 싶은 심정을 거두어 앞으로 한 걸음 한 걸음 나아가게 되지 않을까? "저 사람의 권고라면 한 번 따라가 보자!" 하고 나서게 될 것이다.

학생이 교사에게서 모종의 매력을 느끼지 못한다면, '잘 알고' '잘 가르치는' 실력을 모두 갖추어 A와 B가 각각 최대값 '1/2'을 확보했고 A⊕B의 결과가 1이라고 하더라도 α에 문제가 있다면 '교사의 힘'(F)은 '0'이 되고 만다. 뭔지 모르게 끌리는 힘, 교사로서의 멋과 맛이 없다면, 제아무리 왕성한 교수활동이 있다고 하더라도 학생의 입장에서 학습은 일어나지 않을 것이다.

"일단 저 사람의 애기대로 한 번 해보자"는 용의를 불러일으킬 수 있는 교사의 매력이 없이는 학생들이 지적인 유희를 느끼기까지의 고된 훈련을 기꺼이 감내할 수 없다. 어떻게 하면 잘 가르칠 것인가의 문제는 곧 어떻게 하면 배우고자 하는 의욕을 갖게 할 것인가의 문제이다.

배움이 어려운 것이기는 하지만 불가능한 일도 아니다. 우리의 아이들에게 그 어려움을 알고 그것을 넘을 수 있도록, 그 무게를 견딜 수 있도록 근력을 키워주는 것이 필요하다. 현재 우리는 오히려 배움이 어렵지 않다고 현혹하거나 그 어려움을 덜어 줄 수 있다고 착각하고 있는 것은 아닌지 걱정스러울 때가 많다. 배움이 어렵지 않다는데, 또는 배움에 어려움이 있다고 하더라도 누가 그 어려움을 덜어주겠다는데, 배움의 마당에서 어려움을 이겨내려고 근력을 키우는 노력을 학습자 입장에서 할 이유가 없다. 배움에 대한 이런 착각은 학습자를 돕겠다고 나선 교사나 부모의 당초 목적에 위배되는 결과로 이어진다. 결국 내 제자나 내 자식을 돕지 못한다는 것이다.

나는 나를 만나고 있거나 만나게 될 내 제자들이 좋은 사람이 되기를 기원한다. 그들을 좋은 사람이 되도록 도우려면 우선 교사인 내가 좋은 사람이 되지 않으면 안 된다. 그리 되려면 항상 노력해야 할 것이다. 지금 나를 만나고 있는 제자들은 물론 앞으로 만나게 될 제자들과 잘 지내기 위해 하루하루 내가 성실히 노력하고 있다면, 현재뿐만 아니라 미래에 만나게 될 아직 잘 모르는 내 제자들이 오늘의 나를 가르치고 있는 셈이다. "교학상장!"

교사는 제자들에 대하여 도덕적 권위를 가져야 하며 이 권위를 가능케 할 능력을 갖춰야 한다. 교사로서 어른으로서 끝까지 양보하거나 포기할 수 없는 보편적 원칙과 기준을 세워야 한다. 내가 세운 원칙과 기준이 과연 보편적인지 어떻게 장담할 수 있는가? 정확한 앎을 향한 부단한 노력 없이는 불가능하다. 자신의 앎이 정확한 것이라고 믿을 수 있는 힘은 그 부단한 노력에서 오며, 이 자신감이 내가 세운 원칙과 기준이 나 개인의 사사로운 이욕利慾에서 비롯된 게 아니라 옳고 그름을 기준으로 설정된 보편적인 것이라고 고집피울 수 있도록 해 준다.

단 한 순간도 마음을 놓을 수 없고 긴장을 늦출 수 없는 살벌한 직업 교직! 여기에 일상에서 좋은 사람이 되고자 애쓰는 수많은 교사들이 있는 한, 흔들리고 있지는 않은지 염려스런 교실과 쓰러질지 모르겠다는 위기의 학교가 있을지언정, 우리의 교실은 결국 자리를 바로 잡을 것이며 무너지는 학교를 목격하지도 않을 것이다. 자신감이 온 몸에 가득 차 있고, 정다움과 도덕적 권위에서 뿜어져 나오는 은은한 향기를 난초처럼 풍기면서도 본인은 정작 그 사실을 전혀 인지하지 못할 만큼 평소 부지런히 열심히 더 좋은 사람이 되고자 노력하는 교사들이 있는 한, 혹시 지금 내가 부족한 수준이지는 않을까 염려하여 제 실력을 갖추려 애쓰는 교사들이 있는 한 그럴 수 없을 것이다.

나는 좋은 교사일까? 이런 의문은 나에게 스스로 던지는 질문과 이에 대한 응답으로 해결을 볼 수 있다.

"나는 나와 같은 교사에게 내 자식을 흔쾌히 맡길 수 있겠는가?"

이 질문에 망설임 없이 "그렇다!"고 자신 있게 대답할 수 있다면, 나는 좋은 교사다.

3. 남은 이야기들

이런 저런 얘기를 늘어놓았지만, 거칠기 그지없는 잡설인 듯 하여 영 마땅치 않습니다. 그러나 기왕 얘기를 꺼낸 김에 교실현장과 교육에 대한 단상을 더 제시하려 합니다. 몇 가지 주제에 대해 각각 짤막하게 첨언해 보겠습니다.

수업의 시작과 끝 : 수업은 특별한 시간이다. 앎을 향한 배움의 시간이 특별하지 않다고 여긴다면 그건 수업과 이를 수행하는 교사·학생 스스로에 대한 모독이다. 이것의 시작과 끝을 분명히 하여 쉬는 시간과 수업시간을 명백히 구분해야 한다. "차렷, 경례!"로 시작하고 끝맺든, 아니면 다른 방식으로 하든(저는 강의를 시작하고 끝낼 때 죽비를 "딱·딱·딱" 세 번 칩니다. 수강자와 강의자가 죽비소리에 따라 서로 자세를 바로 하고 경례함으로써 수업을 시작하고 끝냅니다) 교사와 학생들이 서로 예를 갖추어 수업으로 진입함과 매듭지었음을 표명해야 한다. 격식을 무시하여 대충 시작하고 끝내는 수업은 수업이 아니다.

체벌에 대하여 : 체벌은 불가피하다. 체벌이 필요 없는 상황만 교실에서 이어진다면 이에 대해 고민할 여지가 없겠지만, 체벌을 동원하지 않고서는 어찌 할 수 없는 일에 시시각각으로 직면하는 게 교사다. 그런데, 현금 체벌의 문제가 민감하게 제기된 까닭은 체벌의 동기나 이유에 있지 않다. 그것은 체벌 도구의 재질과 규격에 유념하지 못했기 때문이다. 체벌의 도구로 딱딱한 '몽둥이'를 사용하는 것은 어떤 경우에도 부당하다. '몽둥이'를 사용하는 한,

제아무리 건전한 이유에서 체벌을 가한다 하더라도 그것은 깡패들이나 일삼는 '폭력행위'로 인지될 뿐이다. 체벌의 도구를 선택하는 데 신중하지 못한 것 때문에 교육현장에서 교사가 폭력배나 다름없는 행각을 벌이고 있는 셈이라면 참으로 어처구니없는 일이다. 체벌의 도구는 반드시 'C'자로 휘어지는 야들야들한 '회초리'여야만 한다. 체벌은 제 언동이 어떤지 돌아보지 못하는 어린 녀석들에게 따끔한 맛을 보여 반성하도록 하는 게 목적이지 그들에게 견디기 힘든 고통을 주어 괴롭히고자 하는 게 아니기 때문이다. 체벌의 도구를 휘어지는 '회초리'로 하면, 체벌에 대한 논란은 대부분 접힐 것이며, 학생들은 '몽둥이'가 아니라 '회초리'를 사용하는 교사들을 "아! 이 분은 우리들을 존중하고 있다"고 느낄 것이다.

시험에 대하여 : 시험은 인간을 괴롭히고자 고안된 게 아니라, 인간이 겪을 수 있는 억울한 사정을 방지하기 위한 것이다. 제아무리 내가 노력해도 나의 처지를 바꿀 수 없는 세상에서 나의 노력으로 내 인생을 개척해 나갈 수 있는 세상으로 나아가는 데 시험제도는 필수적이다. 시험이 없는 세상은 선발이 필요 없는 세상, 곧 사회적 특혜를 누리는 부류가 이미 결정되어 있는 세상이기 때문이다. 작금 시험으로 인한 논란은 시험 그 자체에서 비롯되는 게 아니라 시험을 이용하는 사람 탓에 발생한 것이다. 시험을 겨우 통과할 실력만 쌓고 시험에 대응하려는 학생들에게 다음과 같은 말을 일러 줄 필요가 있다. 망치를 겨우 드는 사람은 그 망치로 못을 박을 수 없다. 망치를 번쩍 들고 자유자재로 휘두를 수 있는 힘, 즉 시험에서 요구하는 실력보다 더 많은 실력을 갖추어야만

그 시험을 통과한 자에게 부과되는 특별한 일을 제대로 할 수 있다. 적게 노력하고 많이 얻으려는 것(Least Input for Best Output)은 교육의 논리가 아니다. 이건 얄팍한 장사꾼의 논리, 아니 밉살맞은 얌체의 논리일 뿐이다. 결과를 예단하지 말고 그저 최선을 다하라고(Just Best Input!) 우리의 아이들을 설득해야 한다.

이해과목과 암기과목 : 마치 이해과목과 암기과목이 따로 있는 것처럼 간주하여 교육현장에서 이런 저런 언설이 오가는 것은 잘못된 것이다. 왜냐하면, '안다는 것'은 이해하거나 깨달은 사실을 '기억하는 것', '잊지 않는 것'이기 때문이다. 모든 과목에 대해 잘 이해하려고 애쓰고, 이해가 된 그 사실을 잊지 않고 기억해야 한다. 그것이 바로 안다는 것이다. 제아무리 절실한 이해와 깨달음이 있었다고 하더라도 잊어버려 기억하지 못한다면 그건 아는 게 아니다. 학생들에게 "이해가 되었니?"라고 묻고 확인하는 데서 그치지 말고, 수업내용에 대해 확연히 이해했다면 그다음에 "이것을 잊지 않도록 단단히 외워라!" 하고 강력하게 주문해야 한다.

대학입학을 위한 공부 : 대학에 가서 공부를 잘하기 위해 초·중등학교 시절을 보낸다는 것에 대해서 '전인교육의 위배', '입시위주의 교육' 운운하며 비난하는 경우가 많지만 이는 잘못된 지적이다. 대학에 가고 싶은 사람이라면 마땅히 초·중등학교에서 고등교육을 위한 준비를 철저히 해야 할 의무가 있다. 그러지 않고 대학에 진학한다면(준비가 덜 되었다면 진학할 수 없어야 하겠지만, 지금 대한민국 사회에 대학이 지나치게 많은 것 때문에 얼치기 진학이 가능하다) 시간과 정력, 비용의 낭비만 남을 뿐이기 때문이다. 대학입학은 전문가가 되기 위한 험난한 공부의 시작이다. 고등학교까지 공부하던 식으로는 대학에서 결코 성공할 수 없다. 특히 고교 교사들은 제자들에게 고등교육기관에서의 공부가 얼마나 어렵고 고달픈 일인지 수시로 주지시켜야 한다. “대입이 끝날 때까지만 참고 공부하자”는 어설픈 소리를 더 이상 하지 말자! “대학 공부가 워낙 힘든 일이기 때문에 열심히 준비하여 그에 철저히 대비하지 않으면 안 된다”고 말하자!

학습용어의 뜻풀이와 한자 : 우리의 말은 하나지만, 우리의 글은 하나가 아니다(이 말은 저가 중학교 1학년 한문 수업 첫 시간에 은사님께서 일러주신 것입니다). 우리는 우리의 말 속에 한글·한자·영문을 수시로 담고 있다. 주말은 ‘週末’의 훈민정음 표기이고 에너지는 ‘energy’의 훈민정음 표기이다. 이에 대한 순우리말 번역은 불가능하다. 영문은 우리와 가까운 듯 하지만 사실은 멀고, 한자는 우리와 먼 듯 하지만 사실 상당히 가깝다. 학생들에게 과목을 불문하고 이런 저런 개념을 설명할 때, 용어의 뜻풀이를 한 글자 한 글자 해 줄 수 있는 역량을 갖춘다면, 우리의 교수학습 상황은 지금보다 더 나아질 수 있을 것이다.

예컨대, 화강암과 화성암은 소리로는 비슷하나 그 뜻이 매우 다르고 범주도 다르다. 이런 상이성을 학생들에게 무조건 외우라고 암기를 강요하는 것은 참으로 안타까운 일이다. 화강암은 花岡巖(석영·운모·장석을 주성분으로 하는 꽃무늬 돌)이고 화성암은 火成巖(화산활동으로 형성된 돌)이다. 당초 한자용어인 화강암과 화성암을 한 글자 한 글자 뜻풀이 해 주면(꽃 花, 불 火, 이 구분만

해줘도 학생들은 효과적인 힌트를 얻을 수 있다) 억지로 기억하는 게 아니라 자연스레 알 수 있다. 한자를 제대로 필기할 수 있어야만 한다는 게 아니다. 한글로 표기되었더라도 그 뜻의 연원을 밝혀 주어야 한다는 것이다.

이런 현상은 수학시간에도 나타날 수 있다. '등비급수等比級數'라는 용어에는 등비급수의 정의가 깃들어 있지만($a+a \cdot r+a \cdot r^2+a \cdot r^3$ … 등으로 각 항에 r만큼 추가로 곱해져서 더해지므로 인접한 두 항 간에 항상 비율이 같은 급수), 이 용어의 원어인 '지오메트리칼 프로그레션(Geometrical Progression)'은 그렇지 않다(예전에는 이대로 직역하여 '기하급수'라 칭했던 적이 있고, 종종 기하급수적 증가라는 표현을 접할 때가 있다). 즉 '지오메트리칼 프로그레션'을 배우는 영미권 학생들에 비해서, '등비급수'를 배우는 우리 학생들이 이에 대해 더 잘 이해할 수 있고 기억할 수 있는데, 그 길은 '등비급수'라는 각각의 글자 뜻풀이에 있다는 것이다.

영어 번역에서도 마찬가지이다. '골든 게이트 브릿지(Golden Gate Bridge)'는 금(金: Golden)·문(門: Gate)·교(橋: Bridge), '에버 그린 트리(Ever Green Tree)'는 상(常: Ever)·록(綠: Green)·수(樹: Tree), '스쿨 시스템(school system)'은 학교(學校: school) 제도(制度: system) 등으로 1:1 대응번역이 가능한 경우가 많다. 이렇게 우리에게 영어의 번역은 한자용어의 숙지 여하에 달려 있다고 해도 과언이 아니다. 교사가 학생들이 기왕에 알고 있는 한자용어를 잘 살펴서 각 영역의 교과에 활용할 여지는 무궁무진하다. 한자의 부담감에서 해방되는 것은 담당교과를 불분하고 교사의 전문성 확보에 기본 조건이다.

<부록4> 제15조(거학)에 대한 참고자료

복천향교 학령(1585년)[39]

一 每月朔望, 教官率諸生, 具冠帶, 詣廟庭謁聖, 行四拜禮.
매월 초하루와 보름에 교관은 교생들과 함께 관대를 갖추고 묘정에 가 알성하고 4배례를 행한다.

一 每日, 教官坐講堂, 諸生請行揖禮. 鼓一聲, 諸生以次入庭中, 向教官立. 行揖禮後, 各就齋前相對揖. 遂詣教官前, 請行日講. 東西齋各抽二三人或四五人, 講所讀書. 粗及不通者, 差等罰楚, 幷通略置簿. 鼓二聲, 諸生各執所讀書詣教官. 先將前授, 論難辨疑, 後承新授. 不務多要, 須研精. 如或對卷昏睡, 不留意承教者, 罰.
매일 교관이 강당(명륜당)에 앉으면 교생들이 읍례를 행할 것을 청한다. 북이 한 번 울리면 교생들이 차례대로 뜰 가운데로 들어와 교관을 향해 선다. 읍례를 행한 뒤 각각 재(동재와 서재) 앞으로 가 서로 마주보고 읍한다. 그런 다음 교관 앞으로 가 일강을 행할 것을 청한다. 동재와 서재에서 각각 2-3인 또는 4-5인을 추첨하여 읽은 책을 강한다. (성적이) 조통과 불통에 해당하는 자는 차등을 두어 벌로 회초리를 때리며, 통·약통과 함께 장부에 기록한다. 북이 두 번 울리면 교생들이 각자 읽은 책을 들고 교관에게 간다. 먼저, 앞서 수업한 내용에 대하여 어렵고 의심나는 부분에 대하여 논변한 다음 새로운 내용을 수업한다. 많이 배우려 힘쓰지 말고 정밀하게 연구해야 한다. 만약 책을 앞에 두고 졸거나 가르침을 받는 데 유의하지 않는 자는 벌한다.

39) 박종배(2006). 조선시대의 學令 및 學規. 『한국교육사학』 제28권 제2호, 참조.

一 每月望前望後，守令親至鄕校，同敎官考講. 或命題製述，科次賞罰，後并置簿〈其日各面學長所誨童蒙，亦召集，同校生考講或製述〉.

매월 보름을 전후로 하여 수령이 직접 향교에 가 교관과 함께 고강한다. 혹은 문제를 출제하여 제술하도록 하되, 성적에 따라 상벌을 내린 다음 모두 장부에 기록한다〈같은 날에 각 면의 학장은 자신이 가르치는 동몽들을 소집하여 교생들과 마찬가지로 고강하거나 제술하도록 한다〉.

一 守令及鄕黨尊老·先達，至校行禮，如敎官.

수령 및 향당의 존로와 선달이 향교에 가 예를 행하는 것은 교관과 마찬가지로 한다.

一 六朔通考考講分數置簿，年終合計，不通最多者一人，又置簿，報本邑，轉報監司，或定醫·律生，或定歲貢，以示罰辱. 勤學補過，則報還校籍，須以通小學·二書·一經以上爲驗，懶慢尤甚，終不能學者，永定. 通最多者，亦申報論賞，或完復戶役，不過一年.

6개월마다 고강한 점수를 모두 고찰하여 장부에 기록하고 연말에 합계하여 불통이 가장 많은 자 1인을 또한 장부에 기록하여 수령에게 보고하고 (수령은 이를) 감사에게 다시 보고하여 의학 생도나 율학 생도로 배정하거나 세공에 배정함으로써 벌주고 욕보이는 뜻을 표시한다. 열심히 공부하고 잘못을 고치면 향교의 학적에 복귀시키는데, 반드시 『소학』과 (4서 중) 2서, (5경 중) 1경 에 통하는 것 이상을 표준으로 삼아 징험하며, 게으름이 아주 심하여 끝내 배우지 못하는 자는 영원히 (의·율학 생도나 세공으로) 정한다. 통이 가장 많은 자 또한 보고하여 상을 주거나 호역을 완전히 면제해 주되 1년을 넘지 않도록 한다.

一 每六朔通考製述科次, 置簿分數最多者, 申報論賞, 或完復戶役, 不過六朔.

매 6개월마다 제술 성적을 모두 고찰하여 장부에 기록하고, 점수가 가장 높은 자는 보고하여 상을 주거나 호역을 완전히 면제해 주되 6개월을 넘지 않도록 한다.

一 諸生讀書, 先明義理, 通達萬變, 不須徒事章句, 牽制文義. 常讀小學·家禮·四書·五經·近思錄·性理大全及諸史等書, 不挾莊·老·佛經·雜類百家子集等書. 又常習童蒙須知, 以檢節言行. 違者, 罰.

교생들의 독서에서는 먼저 그 의리를 명확히 하여 만 가지 변화에 통달하도록 하고 헛되이 장구를 일삼거나 문의에 얽매어서는 안 된다. 항상 『소학』과 『가례』, 사서, 오경, 『근사록』, 『성리대전』 및 여러 역사서 등의 책을 읽고, 『장자』·『노자』·불경·제자백가 등의 책을 끼고 다니지 않도록 한다. 또한 항상 『동몽수지』를 학습하여 이로써 언행을 검속하고 절도를 갖춘다. 어기는 자는 벌한다.

一 諸生讀書, 務要講明義理, 體行于身. 常以恭敬篤實謙讓修飭, 交相勸勉, 毋騖虛遠毋處鄙陋. 一以濂洛爲標準, 其或放蕩浮誕傲慢不檢者, 又相勖戒. 不改者, 告于師長而責罰之, 猶不改則黜.

교생들이 독서할 때에는 의리를 강명하고 이를 몸으로 실천하는 데 힘써야 한다. 항상 공경과 독실, 겸양으로 자신을 다스리며 서로 권면하되, 헛되고 고원한 데 힘쓰거나 비루한 짓을 해서는 안 된다. 하나같이 정·주 성리학을 표준으로 삼되, 혹여 방탕하고 허황되거나 오만하고 검속하지 않는 자가 있으면 또한 서로 힘써 훈계하도록 한다. (그럼에도 불구하고) 고치지 않는 자는 사장에게 고하여 벌을 내리되, 그래도 고치지 않는 자는 쫓아낸다.

一 朱文公白鹿洞規, 常書貼講堂及東西齋, 諸生交相飭勉.
주자의 「백록동규」를 항상 강당 및 동·서재에 써 붙여두고 교생들이 서로 삼가고 권면하도록 한다.

一 每月望前, 古詩·疑·義·論·賦·表中二, 望後, 銘·箴·頌·記·對策中一, 命題製述. 其體制, 要須簡嚴精切. 辭達而已, 勿使險僻怪異, 如或變更時體, 倡率浮靡者, 罰. 書字不楷正者, 亦罰.
매월 보름 전에는 고시와 의·의·논·부·표 중 두 문제, 보름 후에는 명·잠·송·기·대책 중 한 문제를 출제하여 제술하도록 한다. 그 체제는 반드시 간결하고 엄격하며 정밀하고 절실해야 한다. 뜻이 잘 전달되면 될 뿐, 험벽하고 괴이하게 하지 말 것이며, 혹시 시체를 변경하거나 부박하고 화려한 것을 선동하는 자는 벌한다. 글씨를 해서체로 반듯하게 쓰지 않는 자 또한 벌한다.

一 諸生講經, 句讀明詳, 議論通達, 該括一書綱領旨趣, 縱橫出入諸書, 融會貫通, 到十分盡處, 爲大通. 雖不至十分盡處, 句讀詳明, 議論通豁, 該括一書綱領旨趣, 融會貫通者, 爲通. 雖不至融會貫通, 句讀詳明, 釋義通達, 連上接下, 能得一章大旨, 爲略通. 句讀明白, 釋義分曉, 雖得一章大旨, 而議論有未盡, 爲粗通. 下此者, 爲不通〈各面童蒙, 則文理已通者外, 皆以誦之能否, 定通略粗不〉.
유생들이 강경하되, 구두가 자세하고 논의에 막힘이 없으며 한 책의 강령과 취지를 모두 아우르고 여러 책을 종횡으로 드나들며 융회관통하여 매우 극진한 곳에 이른 자를 '대통'으로 한다. 비록 매우 극진한 곳에 이르지는 못하였으나 구두가 자세하고 논의에 막힘이 없으며 한 책의 강령과 취지를 모두 아울러서 융회관통한 자는 '통'으로 한다. 비록 융회관통하는 데에는 이르지 못하였으나 구두가 자세하고 뜻풀이에 막힘이 없으며 위 아래를 연결하여 한 장의 대지를 파악하는 자는 '약통'으로 한다. 구두가 명백하고, 뜻풀이가 분명하며, 비록 한 장의 대지는 파악하였으나 논의에 미진함이 있는 자는

'조통' 으로 한다. 이 이하에 해당하는 자는 '불통' 으로 한다〈각 면 동몽의 경우, 이미 문리를 통한 자 이외에는 모두 외울 수 있는 지 여부를 가지고 통·약통·조통·불통을 정한다〉.

一 諸生不尙論聖賢, 或好爲高談異論, 非壞〔懷〕前修, 謗訕朝邑之政, 或商論財賄, 談說酒色者, 罰.

교생들 중 성현을 논하는 것을 좋아하지 않아, 고담이론을 좋아하거나, 앞서 닦은 바를 품지 않고, 조정과 고을의 정치를 비방하며, 재물과 뇌물을 상의하거나 주색을 얘기하기는 자는 벌한다.

一 諸生有罪犯五倫者, 或虧失節行, 玷身汚名者, 諸生通論, 鳴鼓攻之, 甚者或報告邑宰, 定賤役, 終身不齒於學.

교생들 중 오륜을 범하는 죄를 지은 자, 행실이 잘못되어 몸과 이름을 더럽힌 자가 있으면 교생들이 함께 의논하여 북을 울려 성토하되, 심한 자는 고을 수령에게 보고하거나 하여 천역에 배정하고 종신토록 학교에 몸담지 못하도록 한다.

一 諸生或恃才自驕, 恃勢自貴, 恃富自矜, 以少凌長, 以下凌上者, 或豪侈相尙, 服飾違衆者, 或好爲鬪訟, 攘人利己者, 或巧言令色, 務悅於人者, 或引致娼流女色, 歌舞喧戲, 止宿齋房, 以亂禮教, 汚衊學宮者, 黜學擯斥. 改行乃止.

교생들 중 재주를 믿고 스스로 교만하거나, 권세를 믿고 스스로 위세를 부리거나, 부유함을 믿고 스스로 자랑하거나, 나이 어린 자가 어른을 능멸하거나, 아랫사람이 윗사람을 능멸하는 자, 또는 호사스러운 것을 서로 숭상하고 옷차림이 너무 요란한 자, 다툼과 송사를 좋아하여 다른 사람을 물리치고 자신의 이익만을 챙기는 자, 교언영색으로 남에게 아첨하는 데 힘쓰는 자, 기생이나 여색을 끌어들여 춤추고 노래하며 떠들고 놀거나, 기숙사 방을 단지 숙소로 삼을 뿐이어서 예교를 어지럽히고 학교를 욕되게 하는 자 등은 쫓아낸다. 행실을 고치면 곧 (징계를) 그친다.

一 諸生怠惰無志, 不修業不製述, 不喜讀書者, 罰.

교생들 중 나태하고 (배움에) 뜻이 없어 수업도 받지 않고 제술도 하지 않으며 책 읽기를 좋아하지 않는 자는 벌한다.

一 每月二三次, 許諸生請告覲省父母, 顧治家事. 教官量日給暇, 受暇日亦溫故讀新. 無廢書冊, 無事射帿博奕觀獵釣魚一應遊戲等事. 違者, 罰.

매월 두 세 차례 교생들이 휴가를 청하여 부모를 찾아뵙고 가사를 돌보는 것을 허락한다. 교관이 적당한 날 수로 휴가를 주되 휴가일에도 전에 배운 것을 복습하고 새로운 내용을 읽어 책을 덮어버리는 일이 없도록 하고, 활쏘기나 장기·바둑, 사냥 구경, 낚시와 같은 놀이를 해서는 안 된다. 위반한 자는 벌한다.

一 每日鼓三聲, 諸生以次詣食堂. 食畢以次出. 失序或諠譁者, 罰.

매일 북소리가 세 번 울리면 교생들이 차례로 식당에 간다. 식사가 끝나면 차례로 나온다. 질서를 지키지 않거나 시끄럽게 떠드는 자는 벌한다.

一 諸生有操行卓異, 學問該博, 才藝出衆, 通達時務者, 每歲抄諸生通議, 薦擧告教官, 中報監司置簿, 以待朝廷辟擧之命.

교생들 중 품행이 탁월하고 학문이 해박하며 재주가 출중하고 시무에 통달한 자를 매년 말 교생들이 함께 의논하여 교관에게 천거하면 교관이 감사에게 보고하여 장부에 기록해 두고 조정의 천거 명령을 기다린다.

一 諸生有過, 大則楚, 小則罰. 講小學不通則楚.

교생들에게 잘못이 있으면, 큰 잘못의 경우 회초리를 때리고 작은 잘못이면 벌을 준다. 『소학』을 강하여 통하지 못한 자는 회초리를 때린다.

一 各面學長所誨童蒙, 亦依右行之.

각 면의 학장이 가르치는 동몽들 또한 이상의 규정대로 한다.

참고문헌

『조선왕조실록』(태조·태종·세종)

『古文書5권-官府文書-』(서울대학교 규장각).

『古文書集成29-용연서원편(1)』(한국정신문화연구원, 1996).

『公文目錄(東萊)』(圭18149)(『韓國地方史資料叢書24-報牒篇12』에 영인 수록).

『경상도고성부총쇄록(오횡묵, 1834?-?)(『韓國地方史資料叢書19-日錄篇3』에 영인 수록).

『科擧謄錄』(1651-1754)(『各司謄錄 83·84』에 영인 수록, 국사편찬위원회, 1995).

『課試謄錄』(1634-1677)(『各司謄錄 87』에 영인 수록, 국사편찬위원회, 1996).

『官學院錄』(1886-1887)(한국국학진흥원 소장).

『藥泉集』(南九萬, 1629-1711).

『南原縣牒報移文成冊(1)』(『韓國地方史資料叢書1-報牒篇1』에 영인 수록).

『隨錄(江原原州)』(奎古5120-164)(『韓國地方史資料叢書20-報牒篇8』에 영인 수록).

『栗谷先生全書』(李珥, 1536-1584).

『浦渚先生集』(趙翼, 1579-1655).

『鶴川先生遺集』(朴承, 1520-1577).

『和順鄕校誌』(화순향교, 1998).

김경용(2006). 용산서원의 거접활동 기록과 그 의미. 『교육사학연구』 제16집.

김경용(2008). 19세기말 更張期 朝鮮의 교육개혁과 「官學院錄」. 『교육사학연구』 제18집 제1호.
김경용(2010). 조선중기 과거제도 정비과정과 그 교육적 의의. 『교육사학연구』 제20집 제1호.
김경용(2012). 교학상장(敎學相長), 교사의 멋과 맛! 『열안지』 재12호. 탐라교육원.
김명자(1992). 환경위기는 극복될 수 있을 것인가? 『화학세계』. 제32권 제12호.
김용옥(2009). 『대학·학기 한글역주』. 통나무.
김용옥(2011). 『중용 한글역주』. 통나무.
김용정외(1992). 환경문제와 의식혁명〈좌담〉. 『과학사상』. 제3호.
김찬호(1994). 『사회를 본다, 사람이 보인다』. 고려원.
박종배(2006). 조선시대의 學令 및 學規. 『한국교육사학』 제28권 제2호.
박준건(1993). 생태학과 사회철학. 『시대와 철학』. 제5호.
성백효(2004). 『역주 근사록집해』. 전통문화연구회.
성백효(2004). 『현토완역 동몽선습·격몽요결』. 전통문화연구회.
양계초(1910). 附: 朝鮮滅亡의 原因, 한무희(역)(1977). 『三民主義, 大同書, 飮氷室文集』(삼성판 세계사상전집 40).
장인진(1992). 경상감영의 낙육재 교육에 대하여. 『한문학연구』 제8집.
전경수(1991). 문명론과 문명비판론의 反생태학. 『과학과 철학』. 제2집.
전경수(1992a). 『똥이 자원이다』. 통나무.
전경수(1992b). 엔트로피, 부등가교환, 환경주의: 문화와 환경의 공진화론. 『과학사상』. 제3호.
정병석(1994). 儒家의 憂患의식과 현대의 위기. 『인간과 사상』. 제6집.
조가경(1989). 우주주의의 회복-인간사회를 넘어선 조화의 윤리를 향하여-. 『후기산업시대의 세계공동체 5(환경)-자연의 훼손과 재창조-』. 우석출판사.
황경식(1994). 환경윤리학이란 무엇인가?-인간중심주의인가 자연중심주의인가-. 『철학과 현실』. 제21호.

高橋 亨(1920),『朝鮮の教育制度略史』, 京城: 朝鮮總督府學務局(『日本植民地教育政策史料集成(朝鮮篇), 第26卷』에 수록).

弓削幸太郎(1923).『朝鮮の教育』. 東京: 自由討究社(『日本植民地教育政策史料集成(朝鮮篇), 第26卷』에 수록).

小田省吾(1924).「朝鮮教育制度史」.『朝鮮史講座, 分類史』. 朝鮮史學會(『日本植民地教育政策史料集成(朝鮮篇), 第26卷』에 수록).

高橋濱吉(1927).『朝鮮教育史考』, 京城: 帝國地方行政學會 朝鮮本部(『日本植民地教育政策史料集成(朝鮮篇), 第27卷』에 수록).

API〈미국석유협회〉(1994). 지구온난화 검증된 사실인가?.『석유협회보』. 10월호.

Beck, U.(1992). ***Risk society: Toward a new modernity.***(M. Ritter, Trans.). London: SAGE Press(Original work published 1986).

Churton, A.(tr.)(1899). ***Kant on Education***(Über Pädagogik). London: Kegan Paul, Trench, Trübner & Co. Ltd.,

Dewey, J.(1902). The child and the curriculum. in Reginald D. Archambault(ed.)(1964). ***John Dewey on education, selected writings.*** Chicago : The University of Chicago Press.

Durkheim, E.(1922). ***Education et sociologie.*** Paris.

Illich, I. D.(1973) ***La vie convivalité.*** Edition du Seuil. 안응렬(역)(1978).『공생의 사회』. 분도출판사.

McLaughlin, A.(1993). ***Regarding nature: Industrialism and deep ecology.*** Albany: SUNY Press.

Rifkin, J.(1980). ***Entropy - A new world view.*** New York: Viking. 김명자(역)(1989).『엔트로피 "새로운 세계관"』. 정음사.

Simonnet, D.(1979). ***L'Ecologisme, Que sais-je?*** 정문화(역)(1984).『생태학: 인간회복을 위하여』. 한마당.

<미 주>

가) 然人莫不有是形 故雖上智不能無人心 亦莫不有是性 <u>故雖下愚不能無道心</u>(주희의 「중용장구서」).

나) 人皆可以爲堯舜(『맹자』「고자하」).

다) 盖衆人與聖人 其本性則一也 雖氣質不能無淸濁粹駁之異 而苟能眞知實踐 去其舊染而復其性初 則不增毫末而萬善具足矣 衆人豈可不以聖人自期乎!

라) 人之容貌 不可變醜爲姸 膂力 不可變弱爲强 身體 不可變短爲長 此則已定之分不可改也 惟有心志 則可以變愚爲智 變不肖爲賢 此則心之虛靈 不拘於稟受故也 莫美於智 莫貴於賢 何苦而不爲賢智 以虧損天所賦之本性乎!

마) 人雖有志於學 而不能勇往直前以有所成就者 舊習有以沮敗之也 舊習之目 條列如左(8가지) 若非勵志痛絶 則終無爲學之地矣 … 此習 使人志不堅固 行不篤實 今日所爲 明日難改 朝悔其行 暮已復然 必須大奮勇猛之志 如將一刀快斷根株 淨洗心地 無毫髮餘脈 而時時每加猛省之功 使此心無一點舊染之汚然後 可以論進學之工夫矣(『격몽요결』「혁구습」).

바) 衣服 不可華侈 禦寒而已 飮食 不可甘美 救飢而已 居處 不可安泰 不病而已(『격몽요결』「지신」).

사) 有弗學 學之弗能弗措也 有弗問 問之弗知弗措也 有弗思 思之弗得弗措也 有弗辨 辨之弗明弗措也 有弗行 行之弗篤弗措也 人一能之 己百之 人十能之 己千之.

아) 且天生人也 而使其耳可以聞 不學 其聞不若聾 使其目可以見 不學 其見不若盲 使其口可以言 不學 其言不若爽 使其心可以知 不學 其知不若狂 故凡學 非能益也 達天性也 能全天之所生而勿敗之 是謂善學(『여씨춘추』「孟夏紀第四」 尊師).

자) 孔子曰 君子有九思 視思明 聽思聰 … 〈視無所蔽則明 無不見 聽無所壅則聰 無不聞〉(『논어집주』「계씨」).

차) 果能此道矣 雖愚必明 雖柔必强.

카) 曾子曰 愼終追遠 民德歸厚矣〈愼終者 喪盡其禮 追遠者 祭盡其誠 … 〉(『논어집주』「학이」).
孟孫問孝於我 我對曰 無違 樊遲曰 何謂也 子曰 生 事之以禮 死 葬之以禮 祭之以禮 … (『논어』「위정」).

타) 凡爲人子之禮 冬溫而夏凊 昏定而晨省 在醜夷不爭 … 夫爲人子者 出必告·反

必面 所遊必有常 所習必有業 … (『예기』「曲禮上第一」).

파) 夫孝者 善繼人之志·善述人之事者也(『중용』 제19장).

하) 敬其所尊 愛其所親 事死如事生 事亡如事存 孝之至也(『중용』 제19장).

거) 民生於三 事之如一 父生之 師教之 君食之(『國語』「晋語」).

너) 無友不如己者 過則勿憚改(『논어』「학이」).

더) 子曰 三人行 必有我師焉 擇其善者而從之 其不善者而改之(『논어』「술이」).

러) 責善 朋友之道也(『맹자』「이루하」).

머) 所求乎朋友 先施之(『중용』 제13장).

버) 君子 … 遠之則有望 近之則不厭(『중용』 제29장).

서) Churton, A.(tr.)(1899). ***Kant on Education***(Über Pädagogik). London: Kegan Paul, Trench, Trübner & Co. Ltd., pp.4-7.

For this very reason discipline must be brought into play very early; for when this has not been done, it is difficult to alter character later in life. … Man can only become man by education. He is merely what education makes of him. … Neglect of discipline is a greater evil than neglect of culture, for this last can be remedied later in life, but unruliness cannot be done away with, and a mistake in discipline can never be repaired.

어) Durkheim, E.(1922). ***Education et sociologie***. Paris. p.51.

Il faut que, par les voies les plus rapides, à l'être égoïste et asocial qui vient de naître, elle en surajoute un autre, capable de mener une vie morale et sociale. … Elle ne se borne pas à développer l'organisme individuel dans le sens marqué par sa nature, à rendre apparentes des puissances cachées qui ne demandaient qu'à se révéler. Elle crée dans l'homme un être nouveau. Cette vertu créatrice est, d'ailleurs, un privilège spécial de l'éducation humaine.

저) 伊川*先生曰 古人生子 能食能言而教之 大學之法 以豫爲先 人之幼也 知思未有所主 便當以格言至論 日陳於前 雖未曉知 且當薰聒 使盈耳充腹 久自安習 若固有之 雖以他言惑之 不能入也 若爲之不豫 及乎稍長 私意偏好生於內 衆口辨言鑠於外 欲其純完 不可得也(『근사록』「교학편」).

* 중국 북송 중기의 유학자 정이(鄭頤, 1033-1107)의 호.

처) Durkheim, Ibid. pp.68-73.

Sa conscience ne contient encore qu'un petit nombre de représentations capables de lutter contre celles qui lui sont suggérées; sa volonté est encore rudimentaire. Aussi est-il très facilement suggestionnable. Pour la même raison, il est très accessible à la contagion de l'exemple, très enclin à l'imitation. … Si maîtres et parents sentaient, d'une manière plus constante, que rien ne peut se passer devant l'enfant qui ne laisse en lui quelque trace, que la tournure de son esprit et de son caractère dépend de ces milliers de petites actions insensibles qui se produisent à chaque instant et auxquelles nous ne faisons pas attention à cause de leur insignifiance apparente, comme ils surveilleraient davantage leur langage et leur conduite! … Pour apprendre à contenir son égoïsme naturel, à se subordonner à des fins plus hautes, à soumettre ses désirs à l'empire de sa volonté, à les renfermer dans de justes bornes, il faut que l'enfant exerce sur lui-même une forte contention. … Mais l'enfant ne peut connaître le devoir que par ses maîtres ou ses parents ; il ne peut savoir ce que c'est que par la manière dont ils le lui révèlent, par leur langage et par leur conduite. Il faut donc qu'ils soient, pour lui, le devoir incarné et personnifié. ... L'enfant doit donc être exercé à la reconnaître dans la parole de l'éducateur et à en subir l'ascendant; c'est à cette condition qu'il saura plus tard la retrouver dans sa conscience et y déférer.

커) 色厲而內荏 譬諸小人 其猶穿窬之盜也與(『논어』「양화」).

터) 濂溪*先生曰 剛 善 爲義·爲直·爲斷·爲嚴毅·爲幹固, 惡 爲猛·爲隘·爲强梁 柔 善 爲慈·爲順·爲巽 惡 爲懦弱·爲無斷·爲邪佞(『근사록』 권11, 「교학류」).

* 중국 송대의 유학자 주돈이(周敦頤, 1017-1073)의 호.

퍼) Durkheim, Ibid. p.69.

Assurément, l'éducation ne peut arriver à de grands résultats quand elle procède par à-coups brusques et intermittents. … Mais quand l'éducation est patiente et continue, quand elle ne recherche pas les succès immédiats et apparents, mais se poursuit avec lenteur dans un sens bien déterminé, sans se laisser détourner par les incidents extérieurs et les circonstances adventices, elle dispose de tous les moyens nécessaires pour marquer profondément les âmes.

허) 大學之法 禁於未發之謂豫 當其可之謂時 不陵節而施之謂孫 相觀而善之謂摩 此四者 敎之所由興也.

發然後禁 則扞格而不勝 時過然後學 則勤苦而難成 雜施而不孫 則壞亂而不修 獨學而無友 則孤陋而寡聞 燕朋逆其師 燕辟廢其學 此六者 敎之所由廢也.

君子旣知敎之所由興 又知敎之所由廢 然後可以爲人師也 故君子之敎喩也 道而

弗牽 强而弗抑 開而弗達 道而弗牽則和 强而弗抑則易 開而弗達則思 和易以思 可謂善喩矣.
學者有四失 教者必知之 人之學也 或失則多 或失則寡 或失則易 或失則止 此四者 心之莫同也　知其心 然後能救其失也 教也者 長善而救其失者也.

ㄱ) 高橋 亨(1920),『朝鮮の教育制度略史』, 京城: 朝鮮總督府學務局(『日本植民地教育政策史料集成(朝鮮篇), 第26卷』에 수록). pp.19-20.
明宗宣祖初年は李朝極盛時代であつて文化其頂點に達下のである° 然るに當時に在りて既に鄕校の教育は有名無實となつた.…　然し其の後朝鮮の各地に書院簇起して殆ど鄕として書院あらさるはなきに至つたが其等は附近儒生達の集會して時政の得失を横議し此に享祀する所謂先賢を祭る外には教育上殆ど貢獻する所がなかつた.　されば李朝盛代に至りて既に鄕庠卽寺小屋と太學との中間機關たる鄕校は有名無實其の機能を失つたが同基址内に健てられたる文廟の祭祀は依然朔望の焚香春秋の釋奠とは盛大に行はれ單に儀式の機關として其の傳習を維持した.

ㄴ) 弓削幸太郎(1923).『朝鮮の教育』. 東京: 自由討究社(『日本植民地教育政策史料集成(朝鮮篇), 第26卷』에 수록). pp.63-64.
… 道には道立の學校と云ふが如きものは存在しなかつた … 鄕校は李朝中世に於て既に學校としての存在を失ふたのである …

ㄷ) 小田省吾(1924).「朝鮮教育制度史」.『朝鮮史講座, 分類史』. 朝鮮史學會(『日本植民地教育政策史料集成(朝鮮篇), 第26卷』에 수록). pp.44,46-48.
… 四學は李朝中世以降殆ど有名無實となつたと謂つてよい.… 李朝の鄕校なるものが宣祖以前に既に教育の實を失つたことが判かる.…　儒生は悉く鄕校を去つて書院に歸したが,講學修道を務むるものなくして遊食横議の徒と化し, 中央政界の朋黨と表裏して朝政を誹議し, 甚しきは書院を根據として庶民を苦めるなど其の弊害百出するに至つた.

ㄹ) 高橋濱吉(1927).『朝鮮教育史考』, 京城: 帝國地方行政學會 朝鮮本部(『日本植民地教育政策史料集成(朝鮮篇), 第27卷』에 수록). p.66,83.
一時は各地方洽く普及し隆盛に赴きたるものの如きも, 壬辰亂後屢屢兵亂を經て遂に鄕校は荒廢を極むるに至り, … 李朝中世以後に在りては愈愈教育機關としての機能を失ふに至りしが唯文廟の祭祀のみは盛に行はれた.…　要之書院の特色は之を充分認め得るけれども弊害として吾吾が考えなければならぬ點は, 一, 書院は遂に鄕校よりも隆昌となり, 鄕校の儒生も書院に走り, 多數集り而も適當の指導者なき爲め講學修道を爲さず, 群居遊談餔啜を事とする者多くなりしこと.

ㅁ)『세종실록』1437.7.10.: 成均注簿宋乙開上言 … 一 內外之學 皆培養人才之場

也 … 臣願各官學校明立學令 設置善罰二簿 凡諸生有經明行修·孝友睦姻任恤之行 著于鄕曲 以樹風聲者 敎官與守令同署實迹 記于善簿 有不務經學 專事誕妄 不孝不睦等行 播于鄕里 有傷風化者 記于罰簿 其他散居一鄕閑良子弟與夫文武閑官所行善惡 亦依此例 分記二簿 每當歲季 報于監司 轉報吏禮二曹 吏曹除授 禮曹貢擧 并考黜陟 守令敎官記事不實者 立法深罪 如有敗常亂俗 習與性成頑不改行者 雖才學可觀 黜學充軍 文武雜科 竝皆停擧 … 令議政府議之 議曰 … 若善惡置簿條 則非惟鄕里 成均及五部諸生所行善惡 皆置簿籍 傳報禮曹 分記之際 如有徇私不公者 則當該官 竝依律科罪 且於學校 可行學令 令禮曹與成均館磨勘啓聞 何如 從之.

보) 『세종실록』 1439.3.8.: 의정부에서 여럿이 의논하여 아뢰기를, " … 마을에서 과오를 저지른 자의 이름을 적어 두었다가 중범이면 1차, 경범이면 3차를 한도로 하여, 공거貢擧나 식년式年을 만날 때마다 과오의 경중과 다소를 상고하여 관가에 고하여 과시에 나아가는 것을 불허하소서. 앞서 송을개가 상언한 '선벌부를 기록하여 권면하고 징계하는 법'(善罰二簿勸戒之法)을 이미 시행하고 있다고 아뢰었사온데, 위의 '죄과명을 기록하는 법'(過名記錄之法)도 함께 시행하는 게 마땅합니다" 하니, 그대로 따랐다(政府僉議啓 … 籍記過名于里中 重犯則一次 輕犯三次爲限 每遇貢擧式年 考其過名輕重多少 亦告于官 不許赴試 臣等謂 前此宋乙開上言 善罰二簿勸戒之法 今已施行 右條過名記錄之法 亦宜幷行 從之).

소) 『鶴川先生遺集』 권1, 雜著, 「九皐書塾立約節目」.

一. 塾中勸課糾察事 擇子弟之年長敦厚周信者 主管依節目擧行 置册子二 善者書善籍 不善者書不善籍 每月朔 塾長受講一朔之課 講畢施賞罰事.

一. 人家後進 當以守禮義尙文學爲先 如有荒散不勤違禮義怠文學者 書不善籍 竢其改而削之 其尤甚而不順父母 不友兄弟 … 放出正妻者 塾逐出于塾外 里逐出于里外 又會報于地主官事.

一. 孝悌是百行之原 當先奬勵 篤孝順悌之人 書善籍 如家貧忠養 … 奇異出常者 別以抄錄 每年末 塾會于里 里會于坊 報聞于地主官事.

오) 『栗谷先生全書』 권15, 雜著2 「學校模範,附事目」:

一. 除生進外 京中志學之士 皆入下齋及四學 外方則勿論士族寒門 凡學儒者 皆入鄕校 … 若厭憚拘束 不籍名于學校者 不得赴科擧.

一. … 臨番而不就學者 一度則面責 二度則損徒 三度濁則黜齋〈黜齋者 告于師 不得就學 改過自新後 許復入 凡損徒及黜齋者 復參座時 必滿座面責〉 四度則削學籍〈削學籍者 定軍役 必改過自新而必得參初試 然後乃得復入〉.

一. 每大小科擧時 太學則先期 館堂上會館官及堂長·掌議·有司于明倫堂 盡取上下齋名錄及善惡籍 參以平日所聞見 必擇行無玷汚者 始許赴擧 四學則學官各會于本學 與堂長·有司商議 鈔擇如右例 外方則邑宰與校官及鄕校堂

長·掌議·有司商議 鈔擇如右例 鄕居生進 行有瑕疵不合赴擧者 則邑宰採一鄕公論 報監司 移文于成均館 若有志學之士 名編軍伍 願赴科擧者 京則成均館官員 外則守令審察眞僞 得其實狀 則亦許赴擧.

조) 『浦渚先生集』 권9, 箚, 「成均館論學政箚」〈1629년〉: 京中四學及外方各官士子皆成册書姓名年歲 一件藏於本學 · 本官 一件送于館 館聚京外成册而藏之 每年有新入者 添錄于册末 而學則直報于館 各官則報本道粘移于館 館又受而添錄于册 新入時皆講小學 粗以上許入 每榜監試初試入格者 館考于册 名無者入啓削去.

초) 윗 글 :

一. 京外士子年三十五歲以下 皆令讀小學 京中則各學官每月初旬會當學 儒生通讀小學 在京累月不參者削籍 各官則擇境內先輩生·進或幼學讀書有文理者令敎一邑士子 守令或時考講 行其賞罰

一. **京中** 則每季朔 各學官館官一員會同考講 錄其所講粗以上 一件藏于本學 一件藏于館 **外方** 則春秋考講 合四五官或五六官定都會 試官以文臣或生·進守令 備三員差定 亦錄其所講粗以上 一件藏于都會官 一件藏于本道 其落講者勿遽定軍 每式年 通三年所講 計其畫數 每學每道 定其額數 給監試初試 連三年不者 皆黜之.

『課試謄錄』 제2책, 1654.2.21: 各學儒籍名付儒生等 不遵朝家事目 敎授聚會通讀·製述之際 稱頉連三次不進者 或停削別爲施罰.

『藥泉集』 권29, 雜著, 「館學儒生講讀節目〈1669 大司成時〉: 年終通計背講畫數 滿二十分者五人 許赴式年會試 所講不滿六卷者 限一年不許科擧錄名 再巡不通者撻楚 三年後通計所講 不滿十八卷者 不通六巡以上者 限三年不許科擧錄名 又三年後通計 如前不改者 永削儒籍 在喪者不在此限.

『課試謄錄』 제2책, 1675.9.28: 一邑元額校生外 凡係章甫之徒 悉令各隸 校籍其中 得叅初試者外 一倂應講於都事巡歷之日是白乎旀 至於赴擧之際 亦以入某邑校籍是如 書諸錄名單子爲白乎矣 其不入校案者 則並勿許赴 冒赴發覺者依法徵治.

코) 『課試謄錄』 제1책, 1647.6.28: 臣謂先令各邑守令 毋論校生·院生·閑遊士子限年四十以下 **兩班子枝** 則能通大·小學·通宋鑑以上 **凡民** 則能通四書·小學及詩·賦·論·疑成篇以上 仍屬校籍 … 且校籍 守令親執考錄爲三件 一送禮曺 一送監營 一置本官 不得任意低昻 儒生之新屬者 年十五歲以下 **士夫子弟** 則能通小·大學 **凡民** 則能通語·孟已上 以式年入籍然後 仍爲改籍 毋得續續入籍 監司巡到 時時考講製述 如有無才而仍在校籍者 罪其守令及齋任 凡赴擧士子 名在校籍者.

토) 『南原縣牒報移文成册(1)』:

一.來秋監試時 赴擧都目 一依今番講案修送計料爲齊.

一.講生年歲以四十爲限爲乎矣 赴擧都目 年過四十者 則勿計講案入錄與否爲齊.

포)『官學院錄』,「各面勸講十二條下帖」(1887.3.6).

호)『和順鄕校誌』,「鄕校都摠謄錄」, 校中擧行規例, pp.437-441: 科擧陞補時 前期六七日 修正都目事 巡相白日場 亦如是事 … 式年科擧時都目 白紙一束 萬淵寺棒用事.

『和順鄕校誌』,「校中及諸公廳所用紙物配定節目」, pp.497-500: 每年秩 … 白紙十八丈 陞補時都目紙 … 式年秩 … 白紙十八丈 東堂儒生都目紙.

『和順鄕校誌』,「鄕校所用各項紙地節目」, pp.505-507: 境內儒生赴擧時都目成冊紙 回文紙 并白紙七丈事.

구)『隨錄』〈江原 原州〉: 爲牒報事 橫城赴擧儒生等 四祖成冊一件 及照訖講成冊一件 幷以修正上使爲卧乎事(1797.8.17). 爲牒報事 本州赴擧儒生 四祖都目 及越講成冊 修正上使爲卧乎事. 後. 應講儒生 三百八十九人內 一人京帖呈議送出公文(1797.8.18).

『古文書5권-官府文書-』,「行鐵原都護府使書目」: 本府赴擧鄕試儒生 四祖成冊一件 京試儒生 四祖成冊一件 照訖講成冊一件 幷爲修正上使緣由事(1874년). 本府應赴鄕試儒生 四祖成冊一件 應赴京試儒生 四祖成冊一件 照訖講入格成冊一件 幷以修正上使緣由事(1875년).

누)『課試謄錄』 제1책, 1641.5.18: 平安監司狀啓 道內各官 文·武試才應赴擧子成冊 已爲收捧封置 此外濫赴之人 當爲嚴禁 似無如前雜亂之弊是白在果 … .

두)『官學院錄』,「各面勸講十二條下帖」, 1887.3.6:

一.儒生 擇本面士民子弟 才質聰明敏 年十五以上至二十餘歲 不拘定數 修成學案 而不叅學案者 不許擧〈叅榜則拔去 三十以上則勿論〉 成案後 一件官上 一件置本面講所 一件置學院是齊.

一.諸生 無故不叅者 一一點考 三犯削案停擧 如有實故 其由呈單于講所是齊.

一.諸生中 容辭擧止不端飭怠無有向善之志者 隨其輕重施罰黜案不齒士是齊.

루) 惟天下至誠 爲能盡其性 能盡其性 則能盡人之性 能盡人之性 則能盡物之性 能盡物之性 則可以贊天地之化育 可以贊天地之化育 則可以與天地參矣 其次致曲 曲能有誠 誠則形 形則著 著則明 明則動 動則變 變則化 唯天下至誠 爲能化(『중용』 제22장, 제23장).

무) 誠者 物之終始 不誠無物 是故君子誠之爲貴(『중용』 제25장).

부)『태조실록』 1392.7.28.: 文武兩科 不可偏廢 內而國學 外而鄕校 增置生徒 敦加講勸 養育人才 其科擧之法 本以爲國取人 其稱座主門生 以公擧爲私恩 甚非

立法之意 今後 內而成均正錄所 外而各道按廉使 擇其在學經明行修者 開具年貫三代及所通經書 登于成均館長 貳所試講所通經書 自四書·五經·通鑑已上通者 以其通經多少 見理精粗 第其高下 爲第一場 入格者 送于禮曹 禮曹試表·章·古賦 爲中場 試策問 爲終場 通三場相考入格者三十三人 送于吏曹 量才擢用 ….

수) 『태종실록』 1404.8.20.: 五部教授官 擇除通經醇謹之士以教養之 其生徒之能通孝經·小學·四書·文公家禮者 升之小學 令成均正錄所 敦加教養 其通三經已上 孝悌謹厚 許赴監試 升于成均 擇其能通五經·通鑑 而德行著聞者 方許赴試 其輕薄不謹之輩 雖才學出衆 屛斥不納. … 外而州·縣鄕校 … 其赴監試鄕試者 一遵上項條式 … .

우) 『태종실록』 1413.6.30.: 自一品以下至庶人子弟 皆入部學 … 凡大小人員與庶人子弟在部學者 … 擇其年十五以上 已讀四書一經 言行中度 講誦疑義 居上等而受罰少者 更加考試 入格者 升于禮曹 以赴生員試 … 依古者 塾升之黨 黨升之術 鄕大夫升之司徒 司徒升之國學之法 外方各道郡縣之學 教授官教訓講試 一如京中部學例 … 監司聚道內諸界首官生徒 定考校員試之 取入格者若干人 升于禮曹 以赴生員試.

주) 『세종실록』 「文科及生員試考察條件」, 1444.2.4.: 擧子等生員·進士外 承蔭升補生徒則成均館 學堂生徒則各其部學官 每當式年 生徒年甲·曾讀經書製述實迹 皆錄于名下 報本曹 其從仕人及私自讀書者 則各其所居部學據告狀 曾讀經書製述實迹 分揀錄名 報本曹 照過漢城府 然後方許錄名 且外方鄕校生徒及私自讀書人 則各其所居官守令 亦依此例 曾讀經書製述實迹 教官與學長分揀都目狀施行 報于觀察使 移牒都會所 亦許錄名 其中外官吏徇私妄報者及生徒冒濫求入者 依律治罪.

추) 『중종실록』 「儒生勸學節目」, 1534.11.9.:

一. 儒生雖在學宮 若不藏修 亦無實效 須令日日聽講 師長有故日外 苟非聽講之日 則勿許爲圓點

一. 式年及八道儒生大擧別試外 有不時試取 則須以就學聽講日數多者 方許錄名 試取日數多寡 啓稟酌定 春秋儒生課試 亦以在學儒生試取.

一. 名爲儒生而不就學者 一切擯斥 不許赴試.

一. 摘奸時 雖逢點 若無平日赴學聽講之勤 則勿許試.

쿠) 『科擧謄錄』 제7책, 1696.8.22.: 儒生之被停擧·削籍之罰者 例不得赴擧.

투) 앞에 두 개의 『태종실록』 기사 참조.

푸) 今之教者 呻其佔畢 多其訊 言及于數 進而不顧其安 使人不由其誠 教人不盡其材 其施之也悖 其求之也佛 夫然 故隱其學而疾其師 苦其難而不知其益也 雖終

其業 其去之必速 敎之不刑 其此之由乎!

후) 雖有嘉肴 弗食不知其旨也 雖有至道 弗學不知其善也 是故學然後知不足 敎然後知困 知不足 然後能自反也 知困 然後能自强也 故曰敎學相長也.

그) Dewey, J.(1902). The child and the curriculum. in Reginald D. Archambault(ed.)(1964). ***John Dewey on education, selected writings.*** Chicago : The University of Chicago Press. pp.357-358.

It is his present powers which are to assert themselves; his present capacities which are to be exercised; his present attitudes which are to be realized. But save as the teacher knows, knows wisely and thoroughly, the race-expressions which is embodied in that thing we call the Curriculum, the teacher knows neither what the present power, capacity, or attitude is, nor yet how it is to be asserted, exercised, and realized.

느) Ibid. p.347,355.

Interests in reality are but attitudes toward possible experiences; they are not achievements; their worth is in the leverage they afford, not in the accomplishment they represent. To take the phenomena presented at a given age as in any way self-explanatory or self-contained is inevitably to result in indulgence and spoiling. Any power, whether of child or adult, is indulged when it is taken on its given and present level in consciousness. … Appealing to the interest upon the present plane means excitation; it means playing with a power so as continually to stir it up without directing it toward definite achievement. Continuous initiation, continuous starting of activities that do not arrive, is, for all practical purposes, as bad as the continual repression of initiative in conformity with supposed interests of some more perfect thought or will. …

If the subject-matter of the lessons be such as to have an appropriate place within the expanding consciousness of the child, if it grows into application in further achievements and receptivities, then no device or trick of method has to be resorted to in order to enlist "interest". … I frequently hear dulling devices and empty exercises defended and extolled because "the children take such an 'interest' in them." Yes, that is the worst of it … .

✤저자소개✤

김경용 金敬容

【저자 약력】

- 1962년 제주産
- 연세대학교 이학사(물리학과), 문학사(교육학과)
- 연세대학교 교육학석사 · 박사
- 한국학중앙연구원 책임연구원
- 현재 한국교원대학교 교육학과 부교수, 교육사학회 회장.

【주요 저서 및 연구】

『조선시대 과거제도와 한국 근대교육의 재인식』, 교육과학사.

『藏書閣 수집 교육·과거관련 고문서 해제』(전2권), 민속원.

전근대 서구 지식인의 시험제도에 대한 인식. 『교육사학연구』 제13집.

조선시대 과거제도 시행의 법규와 실제. 『교육법학연구』 제16권 제2호.

합리적 차등주의와 교육 및 시험제도에 대한 구미 지식인의 인식. 『교육비평』 제18호.

이헌영의 흥학활동 기록과 「달성향교강회록」. 『한국교육사학』 제28권 제1호.

조선조 과거제도 講書試券 연구. 『藏書閣』 제15집.

용산서원의 居接활동 기록과 그 의미. 『교육사학연구』 제16집.

조선조 말기 「新設學校節目」과 「官學院錄」. 『교육사학연구』 제17집 제2호.

19세기말 更張期 朝鮮의 교육개혁과 官學院錄. 『교육사학연구』 제18집 제1호.

更張期 朝鮮, 관리등용제도 개혁과 성균관경학과. 『한국교육사학』 제31권 제2호.

조선중기 과거제도 정비과정과 그 교육적 의의. 『교육사학연구』 제20집 제1호.

『육영공원일록』 연구. 『교육사학연구』 제20집 제2호.

갑오경장 이후 성균관경학과와 經義問對 연구. 『교육사학연구』 제21권 제1호.

대한제국기 成均館司業試選 연구. 『교육사학연구』 제21집 제2호.

18세기 프랑스 왕립대학 교수의 유교문명 개설서와 유교의 6고전 번역, 『한국교육사학』 제33권 제2호.

우리교육의 오래된 미래
조선의 교육헌장

초판발행 2014년 6월 10일
중판발행 2015년 8월 20일

지은이 김경용
펴낸이 안상준

표지디자인 홍실비아
제 작 우인도·고철민

펴낸곳 (주)박영story
서울특별시 마포구 월드컵북로 400, 5층 2호(상암동, 문화콘텐츠센터)
등록 2014. 2. 12. 제2014-000009호(倫)
전 화 02)733-6771
f a x 02)736-4818
e-mail pys@pybook.co.kr
homepage www.pybook.co.kr
ISBN 979-11-85754-02-4 (93370)

정 가 10,000원